Joe Casabona

Responsives Design mit WordPress

dpunkt.verlag

Übersetzung: Florence Maurice, maurice-web.de
Lektorat: Boris Karnikowski, karnikowski.com
Fachlektorat: Florence Maurice, maurice-web.de
Copy-Editing: Brigitte Hamerski, lektorat-hamerski.de
Herstellung: Birgit Bäuerlein
Satz: Ulrich Borstelmann, borstelmann.de
Umschlaggestaltung: Helmut Kraus, www.exclam.de
Druck und Bindung: M.P. Media-Print Informationstechnologie GmbH, 33100 Paderborn

Bibliografische Information der Deutschen Nationalbibliothek
Die Deutsche Nationalbibliothek verzeichnet diese Publikation in der Deutschen Nationalbibliografie; detaillierte bibliografische Daten sind im Internet über http://dnb.d-nb.de abrufbar.

ISBN 978-3-86490-177-5

1. Auflage 2014

Wieblinger Weg 17
69123 Heidelberg

Title of American original: Responsive Design with WordPress
Published by New Riders
ISBN: 978-0-321-95741-2

5 4 3 2 1 0

Meinen Eltern, Louis und Marie, für ihre stetige Unterstützung.
Und Joe und Jean Rizzi, die mir mit Ratschlägen,
Liebenswürdigkeit und Geduld geholfen haben,
dahin zu kommen, wo ich heute bin.

Danksagung

Ich möchte folgenden Personen danken, ohne die Sie das Buch nicht in den Händen halten würden.

- Stephan Mekosh dafür, dass er ein fantastischer Fachlektor und ein guter Freund ist und darüber hinaus auch der Erste war, der mir CSS und WordPress gezeigt hat.
- Michael Nolan dafür, dass er mir ermöglichte, das Buch zu schreiben und mich bei Peachpit Press/New Riders willkommen hieß, wo das US-Original erschien, auf dem diese Übersetzung basiert.
- Nancy Peterson und Eric Schumacher-Rasmussen für Ratschläge, Anleitung und Überarbeitungen, für ihre Orientierungshilfen und für unsere wöchentlichen Gespräche.
- Joanne Gosnell und Scout Festa für ihre Redaktion bzw. fürs Korrekturlesen und dass sie es schafften, den Eindruck zu erwecken, ich würde Grammatik und die englische Sprache gut beherrschen.
- Jesse Friedman für das wundervolle Vorwort und seine netten Worte.
- Jason Coleman, Stephanie Leary, Lisa Sabin-Wilson und Pippin Williamson für ihre Inspirationen zu WordPress und zur Kunst, ein Buch zu schreiben.
- Meiner Familie und meinen Freunden, besonders meinen Eltern; meinen Brüdern, Phil, Mike und Rob; Dave Redding; Rob McManus; Matt Wren und meiner wunderbaren Freundin, Erin Holman.

Ich möchte außerdem kurz die Website meines Bruders Phil erwähnen, http://phil.casabona.org. Er hat das Portrait angefertigt, das in diesem Buch verwendet wird, und ich schätze seine Arbeiten sehr.

Responsives Design mit WordPress

Joe Casabona arbeitet seit über zehn Jahren als professioneller Webdesigner (den größten Teil dieser Zeit auch mit WordPress). Sein reiches Fachwissen gibt er als Trainer, als Sprecher auf Konferenzen und als Buchautor weiter.

Inhaltsverzeichnis

Vorwort

Von Jesse Friedman

Heute werden 20% aller Websites mit WordPress erstellt und im Jahr 2014 wird es jede vierte Website sein, die online geht. Meine erste Website mit WordPress habe ich 2005 umgesetzt, bevor man es »cool« fand. Ich bin sehr stolz, ein altgedienter Entwickler und Stratege für ein Produkt zu sein, das von Millionen von Leuten weltweit eingesetzt wird.

Seitdem ich damals 2005 meine erste Site online gestellt habe, habe ich mein eigenes Buch über die Entwicklung mit WordPress geschrieben. Ich habe außerdem Beiträge für andere Bücher geschrieben und Artikel in Online-Zeitschriften wie *Smashing Magazine* und *net Magazine* publiziert; darüber hinaus unterrichte ich an der Universität und online. Auf der ganzen Welt habe ich auf Konferenzen gesprochen – u.a. auf derjenigen, auf der ich Joe Casabona traf.

Ich fühlte mich geehrt, als Joe mich bat, das Vorwort für sein Buch zu schreiben, denn ich wusste, dass es gut werden würde. Joe hat eine wirkliche Begabung, aus komplizierten Lösungen einfache Schritt-für-Schritt-Anweisungen zu machen. WordPress wurde dafür konzipiert, einfach zu sein: einfach beim Setup, bei der Installation und in der Erweiterung. Trotzdem kann es für unerfahrenere Designer und Entwickler eine Herausforderung sein, WordPress so zu verstehen, dass sie damit produktiv arbeiten können.

Diese Herausforderung hat mich dazu gebracht, 2012 mein Buch *Web Designer's Guide to WordPress: Plan, Theme, Build, Launch* zu schreiben und es ist auch der Grund, warum Joe dieses Jahr sein Buch geschrieben hat. Wir sind beide altgediente Entwickler und wollen unseren Beitrag für das Wachsen der WordPress-Gemeinschaft leisten. Der beste Weg hierfür ist, der Gemeinschaft etwas beizubringen und unsere Erfahrung sowie unser Wissen über das Produkt zu teilen, das wir jeden Tag nutzen. Genau das macht Joe mit seinem Buch *Responsives Design mit WordPress*. Es ist ein grundsolides Buch mit vielen großartigen Beispielen.

Als Professor an zwei Universitäten in Rhode Island weiß ich, dass dieses Buch eine wunderbare Ergänzung für meinen Lehrplan sein wird. Die Lektionen, die Beispiele und auch die Fragen am Ende jeden Kapitels helfen Ihnen, sehr gute Grundlagen in beiden Themen – WordPress und responsives Webdesign – zu erwerben. Sie werden im Laufe des Buches ein WordPress-Theme erstellen, sodass Sie Ihre Kenntnisse beim Lesen verfestigen können.

Und das Beste: Sie eignen sich gleichzeitig zwei Fähigkeiten an. Sie werden WordPress lernen und zur selben Zeit spezielle Kenntnisse im responsiven Webdesign erwerben. Sie werden nicht nur Ihre Kenntnisse in beiden Gebieten verbessern, sondern es wird Sie auch zu einem Experten in einer recht profitablen Nische machen.

Wie bereits erwähnt, wird WordPress hinter 25% der Websites stehen, die im Jahr 2014 online gehen. Das bedeutet, dass jede vierte neue Website einen Entwickler braucht, der sich mit WordPress auskennt. Hinzu kommt: Dieses Jahr werden mehr Informationen über mobile Geräte abgerufen als über herkömmliche Computer. Wenn Sie 2013 noch keine sehr guten Kenntnisse im responsiven Webdesign hatten – im Jahr 2014 brauchen Sie sie definitiv.

Meiner Meinung nach gibt es keine bessere Art, sich Kenntnisse anzueignen, als sie selbst anzuwenden. Dieses Buch ist die beste Art, gleichzeitig WordPress und responsives Webdesign zu lernen. Gut gemacht, Joe!

Einleitung

Mein erstes tragbares Gerät bekam ich im ersten Jahr in der Highschool. Es war der Palm m100 und ich mochte ihn sehr. Er konnte nicht viel, aber naja, mit 13 oder 14 gab es auch nicht viel, wofür ich ihn gebraucht hätte. Aber – hey, einen Computer in der Hosentasche? Das war einfach unglaublich! Deswegen nahm ich ihn überall mit hin (und er wurde mir auch ein, zweimal weggenommen, weil ich ihn im Unterricht benutzt hatte).

Mein nächstes Gerät war ein Compaq iPAQ, auf dem Windows lief, und der einen Farbbildschirm hatte. Jetzt wurde mir fast schon schwindelig. Ich konnte *richtige Programme* auf ihm ausführen. Als ich Anfang 2000 verschiedene Colleges besuchte, erkundigte ich mich sogar, ob es WLAN auf dem Campus gäbe, das war die Zeit, wo WLAN gerade erst begann, populär zu werden. Ich dachte an all die wunderbaren Dinge, die ich mit einem kleinen Computer tun konnte, der einen Eingabestift hatte und in meine Tasche passte. Trotzdem stellte ich nach einer Weile fest, dass ich mehr wollte. Das brachte mich zu meinem ersten Smartphone: dem Palm Treo 650 (Abb. 1).

Abb. 1 *Ach, Treo 650. Manchmal vermisse ich dich noch.*

Ich machte alles mit dem Treo 650: Anrufe, Fotos oder meinen Google-Account synchronisieren. Er hatte sogar einen primitiven Browser namens Blazer. Ich konnte Websites von meinem Handy aus aufrufen!

Seit dieser Zeit hat sich die mobile Landschaft natürlich verändert. Mit dem iPhone kam ein voll ausgestatteter Browser auf mobile Geräte, der alles von CSS bis JavaScript konnte. Ein Problem war allerdings noch nicht gelöst: das Problem der kleinen Bildschirme. An dieser Stelle kommt das responsive Webdesign ins Spiel.

Responsives Webdesign? – Klar. Es ist gerade ungeheuer beliebt. Bei vielen Leuten – Entwicklern, Designern, Agenturen, Nutzern – ist es gefragt. Der Grund dafür liegt ja auch auf der Hand: Es ist nicht nur die Antwort auf den rasch wachsenden mobilen Markt, sondern ist noch dazu recht cool. Inzwischen überprüfen die meisten Leute, wenn sie eine Site besuchen, ob sie responsiv ist (ein Browserfenster größer und kleiner zu ziehen und zu schauen, wie die angezeigte Website reagiert, ersetzt das frühere »im Quellcode nach Layouttabellen suchen«).

Wenn Sie eine Website gestalten, haben Sie definitiv keinerlei Kontrolle darüber, wie sie angesehen wird; Sie können auch nicht bestimmen, wo sie angesehen wird, genauso wenig haben Sie Einfluss darauf, auf welchem Gerät und bei welcher Verbindung die Site betrachtet wird. Das mag für manche schrecklich klingen, aber für mich (und ich wette auch für Sie) ist es genau das Gegenteil. Ich liebe es, dieses Problem zu lösen. Das heißt nicht, dass das Ganze nicht auch ein bisschen einschüchternd wäre. Schließlich muss man eine Website erstellen, die sich gut auf Smartphones nutzen lässt und gleichzeitig auf dem Desktop beeindruckend aussieht. Genau darum geht es beim responsiven Webdesign.

Auch WordPress selbst ist eine tolle Sache. Es ist die Basis von Millionen von Webseiten – Hundert Millionen sogar. Wie Sie im Vorwort gelesen haben, wird im Jahr 2014 jede vierte Website auf Basis von WordPress erstellt. WordPress nimmt uns viel ab, lässt uns aber auch vieles machen. Wie passt WordPress zum responsiven Webdesign? Wie es sich gezeigt hat, ist WordPress hilfreich bei der Erstellung von responsiven Themes; es sind viele nützliche Features integriert, die wir als Entwickler bei der Erstellung besserer responsiver Websites einsetzen können. Und genau das werde ich Ihnen zeigen.

Für wen ist dieses Buch gedacht?

Am liebsten würde ich Ihnen sagen, dass das Buch für jeden ist, der WordPress-Sites entwickelt. Aber um das eigentliche Thema des Buches behandeln zu können, muss ich ein paar Annahmen über Sie, meinen geneigten Leser, machen.

Zuerst einmal setze ich voraus, dass Sie Grundkenntnisse in HTML, CSS, PHP, JavaScript und MySQL haben. Ich gehe außerdem davon aus, dass Sie sich etwas mit WordPress auskennen – Sie haben es schon mal installiert und setzen es ein, vielleicht haben Sie sogar bereits ein Theme erstellt. Außerdem erwarte ich, dass Sie bereits einen Server benutzt haben; Sie sollten zumindest die Verzeichnisstruktur von WordPress kennen und wissen, wie man FTP/SFTP einsetzt.

Das Buch ist für Web- und WordPress-Entwickler gedacht, die davon profitieren wollen, was WordPress bietet, um gute responsive Websites zu erstellen. In diesem Buch werden wir uns eine Vielzahl von Themen und Techniken ansehen, um aus Website-Bestandteilen responsive WordPress-Theme-Komponenten zu machen.

Trotzdem biete ich eine kurze Einführung. Im ersten Kapitel sehen wir uns das responsive Webdesign genauer an: was man darunter versteht, wie es aufkam und was empfohlene Vorgehensweisen sind. Dann gibt es einen kurzen Überblick über die Theme-Entwicklung in WordPress; dabei behandeln wir die Hauptbestandteile eines WordPress-Themes – wichtige Dateien, den Loop, Custom-Post-Types, Plugins u.Ä. Danach kommen wir zu dem, was Spaß macht.

Dem Hauptthema des Buches – der Erstellung eines responsiven WordPress-Themes – widmen sich drei Kapitel: Kapitel 3 behandelt wichtige responsive Techniken und wie man sie in ein WordPress-Theme integriert. Kapitel 4 und Kapitel 5 kümmern sich um spezielle Komponenten einer WordPress-Website, dazu gehören die Navigation, Bilder, Kommentare, Widgets, Archive und Plugins.

Zum Schluss sehen wir uns noch responsive Theme-Frameworks sowie Child-Themes in Kapitel 6 an, danach folgen in Kapitel 7 im Kochbuch-Stil gehaltene Tutorials für die responsive Entwicklung.

Warum habe ich dieses Buch geschrieben?

Als ich auf die Idee kam, ein Buch zu diesem Thema zu schreiben, gingen mir ganz unterschiedliche Gedanken durch den Kopf: Das responsive Webdesign ändert sich ständig; WordPress ändert sich ständig. Die Best-Practice-Empfehlungen, die noch vor ein paar Jahren galten, haben sich in beiden Bereichen geändert und es ist wichtig, diese Informationen zu verbreiten.

In der Webentwicklung gibt es eine wichtige Bewegung in Richtung »doing responsive responsibly« (responsives Webdesign, aber verantwortungsvoll – ein von Scott Jehl geprägter Satz); der Gedanke dahinter ist, dass es beim responsiven Webdesign nicht nur um Bildschirmgrößen geht. Es gibt eine andere große Bewegung in der WordPress-Community, Funktionalitäten aus Themes zu entfernen (Funktionen wie Slider und Custom-Post-Types, die eigentlich Inhalte sind). Ich wollte über diese verschiedenen Dinge schreiben – weil viele Webentwickler sowohl mit responsivem Webdesign als auch mit WordPress arbeiten.

Konventionen

Es gibt im Buch zwei verschiedene Darstellungen von Code: Zum einen kann der Code direkt im Text stehen wie etwa `<?php echo "Hallo Welt!"; ?>` oder er kann als eigener Block angegeben sein, wo er dann folgendermaßen aussieht:

```
function hello_world(){
$s=  "Hallo Welt";
return $s;
}
print hello_world();
```

In beiden Fällen sollten Sie ihn leicht erkennen. Was die Kodierungsstandards anbelangt, so führt der WordPress-Codex einige auf (http://rwdwp.com/16). Ich werde mein Bestes tun, mich daran zu halten.

Um zu kennzeichnen, dass der aufgeführte Code zwischen andere Code-Blöcke gehört (das heißt, dass etwas Code zwischen der ersten gezeigten Zeile und der nächsten ausgelassen wurde), setze ich das Auslassungszeichen (…) ein.

Außerdem möchte ich noch darauf hinweisen, dass ich HTML5-Markup verwende, wir aber keine fortgeschrittenen Features wie WebSockets oder die Storage-APIs nutzen werden.

In den meisten Fällen benutze ich im CSS-Code `.klassen` anstelle von `#ids`. Das sollte zu sauberem CSS-Code führen, ohne dass sehr spezifische Selektoren notwendig wären. Ich formatiere meinen CSS-Code immer folgendermaßen:

```
.class-name{
  color: #FFFFFF;
  background: #000000;
  }
```

Beachten Sie die Verwendung eines Bindestrichs anstelle der Camelcase-Schreibweise und anstelle des Unterstrichs; außerdem ist die schließende Klammer ebenfalls eingerückt. Das macht es einfacher, den CSS-Code zu lesen, besonders wenn er länger wird.

Tipp

Auf diese Art sind Tipps und Hinweise gestaltet.

Im Gegensatz zur Schreibung von CSS-Klassen haben alle PHP-Funktionen einen Unterstrich (_) und sind mit dem Präfix `mf_` versehen, also beispielsweise so: `mf_get_featured_images()`.

Aufgrund des eingeschränkten Platzes einer Buchseite kann sich eine einzelne Codezeile über mehrere Zeilen im Buch erstrecken. In diesen Fällen sind die umbrochenen Zeilen etwas eingerückt. Falls Sie die digitale Version des Buches haben, werden Sie manchmal feststellen, dass der Code unvorhersehbar im Text umbricht. Dann sollten Sie die herunterladbaren Dateien auf www.rwdwp (siehe nächster Absatz) heranziehen, weil sie genauer sind.

Weitere Hinweise zum Buch

In diesem Buch gibt es viel Code. Die meiste Zeit werde ich darauf hinweisen, wo Sie ihn finden. Wenn nicht, steht er auf der Website des Buches, www.rwdwp.com, und auch bei GitHub. Dort befindet sich auch eine Liste der Short-URLS sowie der Sites, auf die sie verweisen. Weil wir es für die deutsche Übersetzung für anschaulicher hielten, sind die Screenshots übersetzt. Die Codebeispiele auf www.rwdwp.com sind es der einfacheren Pflege halber nicht – was aber für Sie sicher kein Problem darstellt.

Wenn Sie sich durch das Buch programmieren, werden Sie merken, dass ich bis zum Kapitel 6 das Testen nicht ausführlich erwähne. Es ist allerdings wichtig, zumindest auf einer Reihe von Geräten zu testen, besonders, wenn Sie die beschriebenen Techniken bei echten Projekten einsetzen möchten (und ich hoffe natürlich, dass Sie das tun).

Außerdem verwende ich einige Abkürzungen, die normalerweise direkt an der entsprechenden Stelle definiert sind. Falls nicht, sehen Sie hier die häufigsten:

- RWD: Responsives Webdesign
- WP: WordPress
- RESS: Responsive Design and Server Side Components
- Der Codex: der WordPress-Codex (die Dokumentation der API)

1 Was ist responsives Webdesign?

Seien wir ehrlich: Sie sind kaum hier, um zu erfahren, was responsives Webdesign (RWD) ist. Sie wissen, was es ist, und warum man es braucht. Das Web ändert sich ständig; zum Zeitpunkt, zu dem ich dies schreibe, gibt es allein bei Android-Geräten mehr als 6.000 Bildschirmauflösungen und unsere Websites müssen sich daran anpassen! Seitdem das Thema RWD im Jahr 2009 aufkam, sind unzählige Bücher dazu erschienen.

Vielleicht haben Sie eines dieser Bücher gelesen oder einen Blogartikel von einem der unzähligen Autoren, die sich dem Thema widmen. Oder vielleicht haben Sie auch schon Ihr eigenes responsives Design umgesetzt. Sie sind hier, weil Sie lernen wollen, wie man WordPress so einsetzt, dass es Ihre responsiven Designs verbessert.

Trotzdem können wir nicht einfach irgendwo in der Mitte beginnen. Sie sollten zumindest ein paar Hintergrundinformationen erfahren, bevor wir tiefer einsteigen. Glauben Sie mir, ich tue es für uns beide.

Dieses Kapitel widmet sich der Geschichte des responsiven Webdesigns – vom Blogartikel, mit dem alles begann, kommen wir zu empfohlenen Herangehensweisen für die Praxis. Sie lernen die beste Art kennen, Breakpoints, d.h. Layoutumbrüche, zu ermitteln und zu definieren. Außerdem erfahren Sie, was Sie sonst beim RWD berücksichtigen müssen. Schließlich beschäftigen wir uns mit dem derzeitigen Stand bei den webfähigen Geräten (falls Sie es noch nicht wissen: es gibt gaaanz viele unterschiedliche Geräte). Sie sollten zumindest mit HTML und CSS sowie mit der Theorie von flüssigen Rastern vertraut sein.

1.1 Die Ursprünge des responsiven Webdesigns

Den Begriff *Responsive Web Design* hat Ethan Marcotte in seinem gleichnamigen Artikel für das Web-Magazin *A List Apart* (http://rwdwp.com/1) geprägt. In seinem Artikel schreibt er:

> *Anstatt voneinander unabhängige Designs für die stetig zunehmende Anzahl von webfähigen Geräten zu erstellen, können wir diese Designs als Facetten derselben User Experience behandeln. Wir können eine Website für eine optimale User Experience designen und gleichzeitig*

standardbasierte Techniken bei unseren Designs anwenden. Damit sind diese nicht nur flexibler, sondern passen sich auch besser an die Medien an, auf denen sie dargestellt werden. Kurz gesagt, wir müssen responsives Webdesign betreiben.

Der Rest ist, wie man so schön sagt, Geschichte. Mobile Geräte sind ein integraler Teil der Gesellschaft und die Menschen machen immer mehr mit ihren Smartphones … dazu später mehr. Jetzt geht es erst einmal darum, wie Sie RWD anwenden und dabei vielleicht um den wichtigsten Punkt beim RWD: die Breakpoints.

1.2 Breakpoints und Media Queries

Über Breakpoints und Media Queries teilen wir dem Browser (mit CSS) mit, wann er unser Design aufgrund der Bildschirmgröße anpassen soll. Media Queries sind an sich nicht neu, es gibt sie schon seit einer Weile und sie werden von den meisten Browsern unterstützt (Abb. 1-1). Webentwickler nutzen Media Queries, um CSS-Angaben aufgrund von bestimmten Bedingungen anzuwenden (d.h. nur für Bildschirme oder nur für den Ausdruck oder bei einer bestimmten Breite des Browserfensters). Breakpoints sind vom Entwickler vorgegebene Breiten des Browserfensters; es sind die Stellen, an denen sich das Layout ändert. Beispielsweise könnte 1024px ein Breakpoint sein.

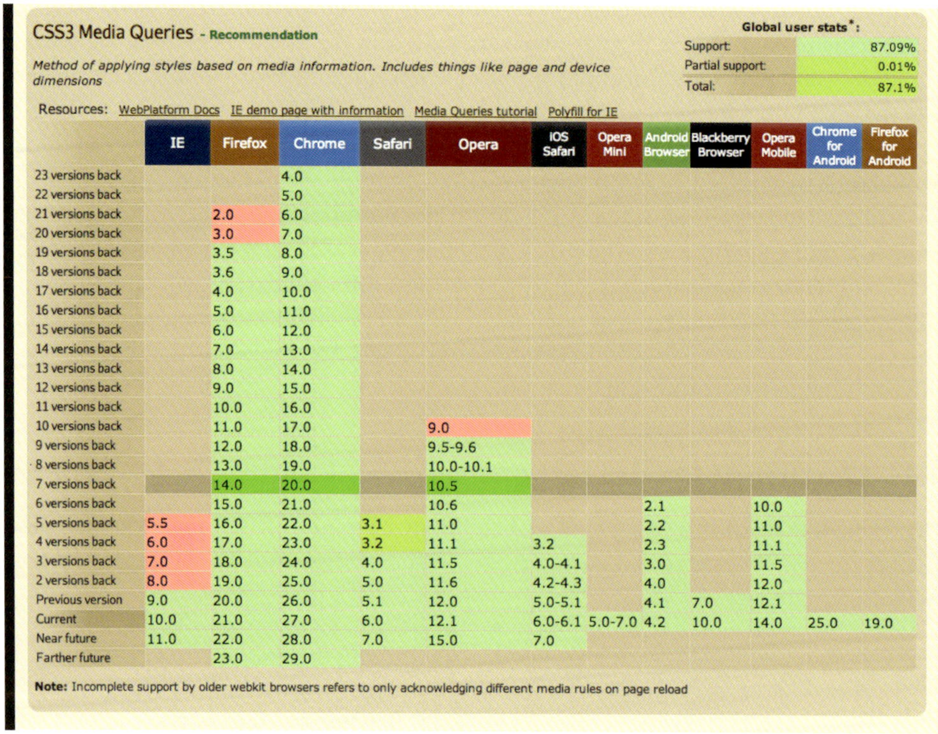

CSS3 Media Queries - Recommendation

Method of applying styles based on media information. Includes things like page and device dimensions

Global user stats*:

Support:	87.09%
Partial support:	0.01%
Total:	87.1%

Resources: WebPlatform Docs IE demo page with information Media Queries tutorial Polyfill for IE

	IE	Firefox	Chrome	Safari	Opera	iOS Safari	Opera Mini	Android Browser	Blackberry Browser	Opera Mobile	Chrome for Android	Firefox for Android
23 versions back			4.0									
22 versions back			5.0									
21 versions back		2.0	6.0									
20 versions back		3.0	7.0									
19 versions back		3.5	8.0									
18 versions back		3.6	9.0									
17 versions back		4.0	10.0									
16 versions back		5.0	11.0									
15 versions back		6.0	12.0									
14 versions back		7.0	13.0									
13 versions back		8.0	14.0									
12 versions back		9.0	15.0									
11 versions back		10.0	16.0									
10 versions back		11.0	17.0		9.0							
9 versions back		12.0	18.0		9.5-9.6							
8 versions back		13.0	19.0		10.0-10.1							
7 versions back		14.0	20.0		10.5							
6 versions back		15.0	21.0		10.6			2.1		10.0		
5 versions back	5.5	16.0	22.0	3.1	11.0			2.2		11.0		
4 versions back	6.0	17.0	23.0	3.2	11.1	3.2		2.3		11.1		
3 versions back	7.0	18.0	24.0	4.0	11.5	4.0-4.1		3.0		11.5		
2 versions back	8.0	19.0	25.0	5.0	11.6	4.2-4.3		4.0		12.0		
Previous version	9.0	20.0	26.0	5.1	12.0	5.0-5.1		4.1	7.0	12.1		
Current	10.0	21.0	27.0	6.0	12.1	6.0-6.1	5.0-7.0	4.2	10.0	14.0	25.0	19.0
Near future	11.0	22.0	28.0	7.0	15.0	7.0						
Farther future		23.0	29.0									

Note: Incomplete support by older webkit browsers refers to only acknowledging different media rules on page reload

Abb. 1-1 *Browserunterstützung für Media Queries bei caniuse.com*

Durch den Siegeszug der mobilen Geräte wurde die Notwendigkeit für Media Queries und Breakpoints immer größer. Außerdem entwickelt sich diese Technik immer noch weiter. Als Marcotte zum ersten Mal das responsive Webdesign einführte, gab es noch nicht so viele verschiedene populäre Geräte, deswegen kamen ein paar »gängige« Breakpoints auf.

Hinweis

Zu Anfang des RWD erschienen »gängige« Breakpoints, die ziemlich genau mit Apple-Produkten übereinstimmten, beispielsweise 320px, 768px und 1024px.

Seitdem ist die Anzahl der Bildschirmgrößen exponentiell in beide Richtungen gewachsen und es wurden verschiedene Ansätze vorgeschlagen, wie man Breakpoints angibt und ermittelt. Was ich Ihnen nun vorstelle, gilt nicht nur als empfohlene Herangehensweise (zum Zeitpunkt, an dem ich das schreibe), sondern es ist auch die Technik, die ich im weiteren Buch anwenden werde.

1.2.1 em-basierte Breakpoints

Im letzten Abschnitt haben Sie erfahren, dass »gängige Breakpoints« aufkamen, die sich an bestimmten Pixelbreiten von Browsern orientierten. Aber bereits im Jahr 2011 merkten Webentwickler, dass man sich auf diese verbreiteten Breakpoints als Empfehlung fürs RWD nicht verlassen konnte, und das aus zwei Gründen. Der erste hat etwas damit zu tun, dass sich eine Webseite nicht nur an das aufrufende Gerät, sondern auch an die Einstellungen des Nutzers anpassen sollte. In ihrem Artikel »The ›Trouble‹ with Android« (Die ›Probleme‹ mit Android) (http://rwdwp.com/2) spricht Stephanie Rieger davon, wie unsinnig es ist, Designs für konkrete Bildschirmgrößen zu entwickeln. Aber ebenso unsinnig ist es auch, anzunehmen, wir wüssten, wie die Einstellungen des Nutzers aussehen. Browser geben bestimmte Standards für Schriftgrößen, Abstände und Ähnliches vor, aber die Benutzer haben die Möglichkeit, diese an ihre Bedürfnisse anzupassen. Wenn ein Benutzer beispielsweise Probleme hat, einen kleinen Text zu lesen, wird er die Standardgröße für Text ändern. Solange eine Website ordentlich programmiert wurde, passt sich die Schrift dann automatisch entsprechend der Benutzereinstellungen an. Deswegen sollten wir von pixelbasierten Breakpoints auf em-basierte umsteigen.

Webentwickler verwenden die Einheit em schon seit Jahren zur Definition der Größe von Elementen. Der Grund hierfür ist, dass em und nicht Pixel als Einheit für die Schrift gewählt werden sollten, damit die Texte flexibel sind und nicht aufgrund von Browsereinstellungen Probleme machen. Denn – das ist wichtig – Pixel sind absolut. Wenn Schriftgrößen (oder andere Elemente) in Pixeln definiert werden, dann ändern sie sich nicht, auch wenn der Benutzer in seinen Einstellungen Änderungen vornimmt.

Hinweis

Eine witzige Tatsache am Rande: em ist kein Akronym oder keine Abkürzung für ein Wort, also nicht wie px eine Abkürzung für Pixel ist. em ist eine Einheit, die im Zusammenhang mit der Schriftgröße steht, und auf dem großen M der gerade verwendeten Schrift basiert. em ist die phonetische Schreibweise des »M«. Bei CSS wird em inzwischen nicht mehr nur als relativer Schriftgrad gesehen, sondern auch für Containergrößen verwendet.

Wenn wir hingegen em für die Schriftgröße verwenden, dann ändert sich die Schrift passend zu den Designs und Benutzereinstellungen. Wenn der Benutzer zoomt, bricht das Layout nicht. Dieselbe Technik kann für Breakpoints eingesetzt werden, d.h. Sie sollten statt mit Pixeln über em bestimmen, wann sich das Layout zu verändern hat. Das stellt sicher, dass Ihre Webseitenlayouts flexibel und responsiv sind, sodass sie nicht nur auf die Breite des Browserfensters, sondern auch auf die Einstellungen des Benutzers reagieren. Anders gesagt: Damit hat der Benutzer die vollständige Kontrolle darüber, wie er die Inhalte sieht.

Das passt genau dazu, worum es beim RWD geht: Wir wissen nicht, mit welchen Geräten die Benutzer unsere Websites betrachten werden, deswegen sollten wir Websites so erstellen, dass sie auf allen Geräten gut aussehen.

Pixel in em und Prozent umrechnen

Pixelwerte in em umzurechnen, ist einfach. Ein em entspricht 16px, deswegen 1em = 16px. Natürlich gibt es auch viele Tools im Web, die Ihnen bei der Umrechnung helfen. Mein Lieblingstool ist www.pxtoem.com. Es führt die Umrechnung in beide Richtungen durch, und erlaubt auch, den Basispixelwert zu ändern.

Allerdings ist das Ganze nicht so einfach, wenn man tiefer in die Kaskade herabsteigt, weil Elemente die Formatierung ihrer Elternelemente erben. Das bedeutet: Wenn die Schriftgröße 20px ist, dann ist die Basis für die Umrechnung 20px und nicht 16px. Aber keine Sorge! Ethan Marcotte hat eine einfache Formel entwickelt, um den em-Wert zu ermitteln:

```
Ziel/Kontext = Ergebnis
```

Wenn also Ihre Basisschriftgröße 20px ist und Sie brauchen eine Schriftgröße von 24px, rechnen Sie 24/20 = 1.2, das heißt Ihre Schriftgröße ist 1.2em. Wollten Sie entsprechend eine Schriftgröße von 16px, so würden Sie rechnen: 16/20 = 0.8, d.h. 0.8em.

Bei Layouts können Sie dieselbe Rechenoperation für Prozentwerte durchführen. Angenommen, Sie haben ein Layout, das auf einem 960px breitem Raster basiert, dann ist Ihr Kontext 960px. Wenn der Hauptinhaltsbereich 600px breit sein soll, so erhalten Sie die flexible (prozentbasierte) Breite durch die Rechnung 600/960 = 0.62. Durch Multiplikation mit 100 erhalten Sie den gewünschten Prozentwert 62%.

Deswegen ist es logisch, dass flexible, em-basierte Breakpoints der richtige Weg für die größtmögliche Flexibilität bei einem Layout sind. Allerdings müssen wir noch einen zweiten Punkt bei Media Queries berücksichtigen, um sicherzustellen, dass diese soweit wie möglich unabhängig von konkreten Geräten sind.

1.2.2 Inhaltsbasierte Breakpoints

Wenn ein Webentwickler von den »gängigen« Breakpoints ausgeht, dann erstellt er im Grunde Websites für (ungefähr) drei Gerätegrößen; genau genommen für Desktops, das iPad und das iPhone. Anstatt das Layout wie früher auf ein Gerät zu beschränken, beschränkt er es damit auf drei Geräte. Das ist eine Verbesserung, aber eine recht kleine, wenn man bedenkt, dass es Hunderte von Geräten gibt, zwischen denen die Benutzer wählen können. Mit dem ständigen Aufkommen neuer Geräte und der schnellen Diversifizierung von Bildschirmauflösungen ist es so gut wie unmöglich, zu entscheiden, für welche Bildschirme man Layouts designen soll. Deswegen ist die empfohlene Vorgehensweise inzwischen, Breakpoints nicht gerätebasiert, sondern inhaltsbasiert auszuwählen. Rieger erklärt die Gründe für diese Entwicklung in ihrem Artikel.

Wenn wir Breakpoints vom Inhalt ausgehend definieren, dann müssen wir herausfinden, an welcher Stelle unser Layout bricht und an dieser Stelle korrigieren, anstatt Geräte auszuwählen, auf denen unser Design gut aussieht. Bei Abb. 1-2 beginnt mein Logo/Avatar die Seite zu dominieren, deswegen muss ich hier einen Breakpoint ergänzen, um das Bild in die richtige Größe zu skalieren.

Abb. 1-2 *Meine Website, wenn das Browserfenster größer wird*

Abb. 1-3 und Abb. 1-4 zeigen eine meiner anderen Websites, wo zu einem bestimmten Punkt die Buttons nur 50% des Bildschirms ausfüllen, wodurch das Layout bricht. An dieser Stelle sollte der Breakpoint gesetzt werden.

In beiden Fällen muss ich überprüfen, wie die Website aussieht, wenn ich das Browserfenster vergrößere, und dann muss ich den em-Wert der Stelle ermitteln, wo sich das Design der Website ändert oder beginnt schlecht auszusehen.

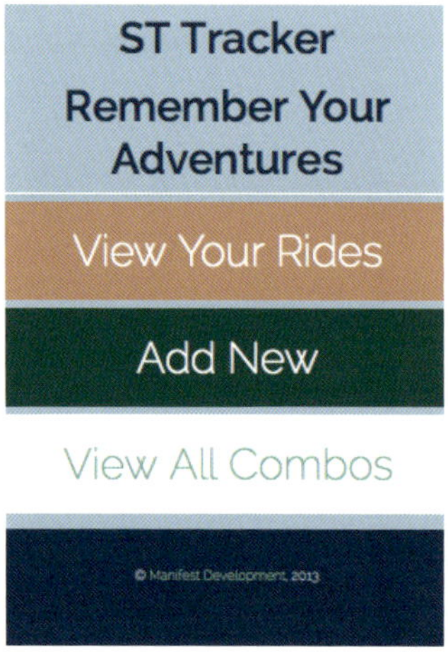

Abb. 1-3 *Ein kleines Nebenprojekt von mir in der mobilen Ansicht*

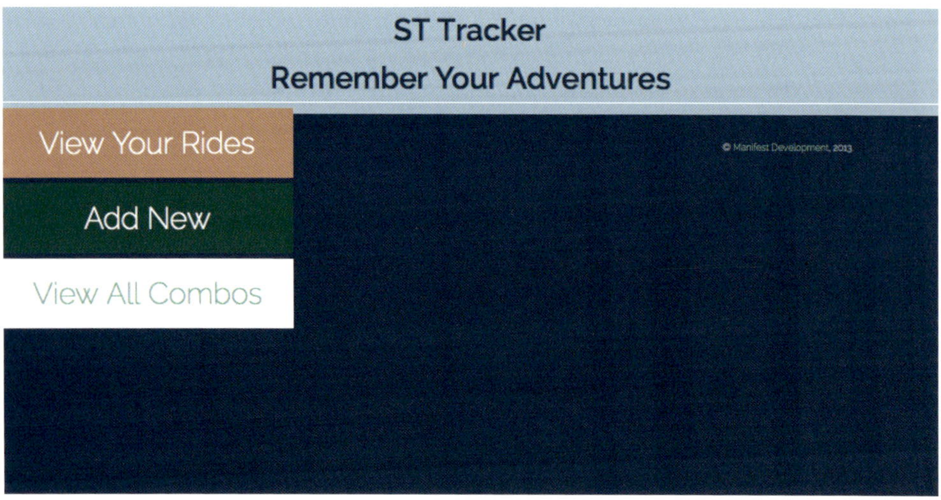

Abb. 1-4 *Dasselbe Projekt, wenn das Browserfenster auf die doppelte Größe verbreitert wird.*

Tipp

Zur Überprüfung von Breakpoints verwende ich eine Chrome-Erweiterung namens Window Resizer, die Sie unter http://rwdwp.com/3 finden.

1.3 Die Geräte – aktueller Stand der Dinge

In den letzten beiden Abschnitten haben Sie gesehen, wie Sie Breakpoints möglichst flexibel angeben. Nun zeige ich Ihnen, warum es so wichtig ist, die Breakpoints von den Inhalten anstelle von den Geräten abhängig zu machen. Allein bei Android-Geräten gibt es über 6.000 Bildschirmauflösungen – diese Zahl habe ich zum ersten Mal in einem Vortrag von Luke Wroblewski im Jahr 2012 gehört. Eine rasche Suche nach den »beliebtesten mobilen Geräten« liefert Unmengen von Blogbeiträgen, Artikeln und Statistiken, die die wichtigsten 10, 20 oder 50 mobilen Geräte aufführen. Brighthand.com, ein Blog mit Smartphone-Nachrichten, veröffentlicht die 41 wichtigsten Geräte nach dem Traffic der letzten fünf Tage. In meiner Sammlung von Geräten – die meisten davon sind mit dem Internet verbunden – befinden sich folgende:

Gerät	Bildschirmgröße*	Auflösung
Smartphone: Samsung Galaxy SIV	5 Zoll	1920 × 1080
Tablet: Googles Nexus 7	7,02 Zoll	1920 × 1200
Smartphone: Apples iPhone 4S	3,5 Zoll	640 × 960
Tablet: Apples neues iPad (3. Generation)	9,7 Zoll	2048 × 1536
Sonys Google TV (1. Generation)*	55 Zoll	1920 × 1080
Microsoft Xbox 360*	55 Zoll	1920 × 1080
Sony PlayStation 3*	55 Zoll	1920 × 1080
Google Project Glass Prism Projector**		640 × 360
eReader: Amazon Kindle	6 Zoll	600 × 800

* Für Geräte, die mit dem Fernsehen verbunden werden, habe ich die Informationen meines Fernsehers genommen.

** Das entspricht einem 25 Zoll-HD-Bildschirm in einer Entfernung von ungefähr 2,5 Metern.

Eine Menge Geräte, und das bei einer Einzelperson! Nehmen wir meine Familie dazu, dann müssen wir noch ein iPhone 5, ein HTC 8.X mit Windows Phone, ein Kindle Fire (der zweiten Generation) und eine Reihe von weiteren Geräten hinzufügen, die meinen Eltern und meinen Brüdern gehören. StatCounter Global Stats bietet eine Auflistung der 14 häufigsten mobilen Bildschirmauflösungen (Abb. 1-5).

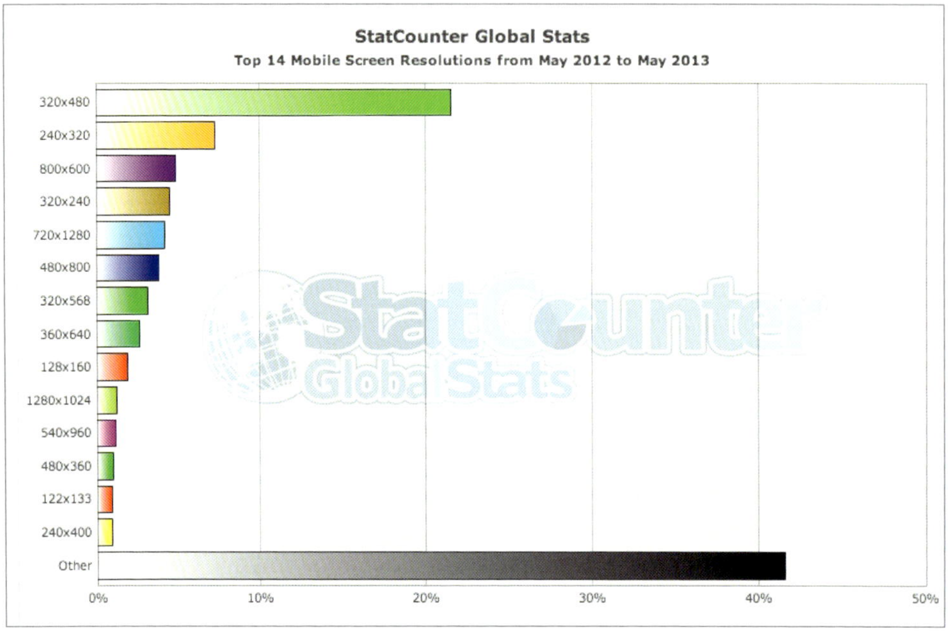

Abb. 1-5 *Die Top 14 der mobilen Bildschirmauflösungen von StatCounter zwischen Mai 2012 und Mai 2013. Bemerkenswert ist, dass mehr als 40% in die Kategorie »Other« (andere) fallen. [Quelle: http://rwdwp.com/4]*

Es wäre schlicht nicht möglich zu versuchen, Layouts für all diese Geräte oder Bildschirmauflösungen zu erstellen. Und es ist unmöglich, vorauszusagen, wie diese Auflistung in einem Jahr aussieht. Das ist der wichtigste Grund, warum es für eine gute User Experience so wichtig ist, die Breakpoints anhand der Inhalte und nicht anhand der Geräte festzulegen.

1.4 Denken Sie an die Verbindungsgeschwindigkeit

Das hier ist keine umfassende Abhandlung über RWD im Allgemeinen, auch kann ich keinen Überblick über die mobile Entwicklung an sich liefern. Aber um diesen Abschnitt abzuschließen, möchte ich noch ein paar Aspekte des RWD erwähnen, die für eine gute User Experience wichtig sind. Schließlich hilft das schönste Design oder der beste Inhalt nicht, wenn die allgemeine User Experience schlecht ist.

Bedenken Sie, nicht jeder hat das schnellste WLAN oder eine 4G-Verbindung, wenn er Ihre Website ansieht. Benutzer können ein 3G-Verbindung nutzen oder ein langsames WLAN oder sogar Edge. Halten Sie Ihre Website so schlank wie möglich. Das bedeutet, laden Sie keine unnötigen JavaScript-Bibliotheken oder massenhaft Bilder, wenn Sie sie nicht brauchen. Das ist extrem wichtig, denn wie Brad Frost ausführt, verlassen 74% der Besucher eine Website, wenn sie mehr als 5 Sekunden zum Laden braucht. jQuery und Co. sind natürlich hilfreich, aber wenn der Größe dieser Dateien kein Nutzwert gegenübersteht, dann lohnt sich ihr Einsatz nicht.

Wägen Sie genau ab!

Wenn Sie bei der Verwendung von JavaScript-Bibliotheken, CSS-Frameworks und anderem zusätzlichen Code geschickt sind, kommt das der User Experience zugute. Es gibt eine Reihe von Bibliotheken, die ich einsetze, um die Website zu verbessern, ohne sie zu sehr zu verlangsamen. Bezüglich externer Bibliotheken sollten Sie sich folgende Fragen stellen:

1. Warum brauche ich diese Bibliothek?
2. Gibt es eine bessere Art, mein Ziel zu erreichen?
3. Brauche ich alles aus der Bibliothek oder kann ich sie beschränken?
4. Für einige Dinge nehme ich JavaScript-Bibliotheken und -Schnipsel:
   - HTML5-Unterstützung für den Internet Explorer (IE)
   - Unterstützung für Media Queries im IE
   - Einblendung einer mobilen Navigation (bei Bedarf)

Website-Performance beinhaltet aber natürlich mehr als das. Ich habe viele Websites gesehen, bei denen in Abhängigkeit vom Breakpoint über CSS bestimmte Bereiche ausgeblendet werden, um andere »für den Bildschirm optimierte« Bereiche anzeigen zu lassen. Das geschieht selbstverständlich in bester Absicht. Trotzdem kann das Ergebnis schlecht sein, weil Sie den Benutzer zwingen, zusätzliches Markup/zusätzlichen Code herunterzuladen.

Hinweis

Bedenken Sie: CSS-Dateien können ebenfalls ins Gewicht fallen. Sie sollten Ihre Stylesheets optimieren und wenn immer möglich zusammenfassen.

Wer ein Smartphone nutzt, wird den für Desktops vorgesehenen HTML-Code nicht sehen, obwohl er ihn auf sein Gerät geladen hat. Das kann sich summieren, besonders wenn Sie diese Technik zum Ausblenden von Bildern oder anderen Multimedia-Komponenten einsetzen. Das ist – zumindest für mich – der triftigste Grund, warum man einen Mobile-First-Ansatz in Betracht ziehen sollte.

Mobile First!

Luke Wroblewski spricht in seinem Buch *Mobile First* darüber, wie man Websites von den kleinsten Bildschirmen ausgehend entwickelt. Er argumentiert (und ich würde ihm darin zustimmen), dass einen das Layouten für kleine Bildschirme zwingt, sich auf die wichtigsten Features und Komponenten der Benutzeroberfläche zu konzentrieren. Das wirkt sich außerdem darauf aus, welche Bibliotheken und Effekte man einsetzt.

Wenn ich ein Design nach dem Mobile-First-Ansatz erstelle, dann ist die Wahrscheinlichkeit geringer, dass ich zusätzliche Bilder und Funktionen verwende, die im Grunde genommen nur zusätzlichen Platz benötigen. Beim Weiterentwickeln der Website behalte ich das im Hinterkopf.

Sie können weitere Dateioptimierungen durchführen, um die Datenmenge zu verringern, die der Nutzer herunterladen muss. Speziell für Bilder – und in Gedanken bereits bei ein paar Techniken, die wir in späteren Kapiteln ansehen –, gibt es eigene Möglichkeiten: So können Sie Ihre Bilder durch ein Tool jagen, das die Dateigröße reduziert, ohne die Qualität zu beeinträchtigen. Auf dem Mac können Sie hierfür ImageOptim (http://rwdwp.com/5) verwenden, auf dem PC RIOT (http://rwdwp.com/6) (Abb. 1-6).

Abb. 1-6 *Ein mit ImageOptim optimiertes Bild. Das Original sehen Sie links, rechts ist die optimierte Version (die Größe ist um 10% reduziert). [Foto von Philip J. Casabona]*

Bei Tools – besonders bei den auf JavaScript basierenden – sehen Sie üblicherweise eine Größenangabe, nachdem diese »minimiert und gzipped« wurden. Minimierung bei einer Datei bedeutet, dass unnötige Leerzeichen, Zeilenumbrüche und Kommentare entfernt werden, um die Größe zu reduzieren. Eine andere Art das zu bewerkstelligen, besteht darin, dass Sie die Dateien auf dem Server mit gzip komprimieren, bevor Sie sie an den Nutzer senden.

Dafür müssen Sie den Server entsprechend konfigurieren. Durch ein paar Einstellungen können Sie den Server anweisen, bestimmte Dateien standardmäßig komprimiert auszuliefern. Im Allgemeinen sollten Sie das bei HTML, CSS und JavaScript machen. Dateien wie Bilder sind von Haus aus schon komprimiert.

Tipp

Mehr Informationen zur Verwendung von gzip finden Sie in einer sehr guten Anleitung unter http://rwdwp.com/7.

Sind Sie neugierig, wie schnell Ihre Verbindung ist? Das können Sie leicht herausfinden. Führen Sie nur die folgenden Schritte aus:

1. Öffnen Sie Ihren Lieblingsbrowser und rufen Sie die Seite www.speedtest.net auf oder laden Sie auf Ihrem mobilen Gerät die Speedtest-App herunter.
2. Klicken Sie auf den Button *Begin Test*.
3. Jetzt können Sie sehen:
   - wie ein Server von Ihrem Gerät angepingt wird,
   - wie die Download-Geschwindigkeit und
   - die Upload-Geschwindigkeit ermittelt werden.

Für Websites ist die Download-Geschwindigkeit entscheidend. Zu Hause können Sie um die 30 mb/s haben (ich habe 70 mb/s an meinem Arbeitsplatz). 4G entspricht ungefähr 5 mb/s, manchmal an einem guten Tag auch 9 mb/s. 3G hingegen kann richtig langsam sein, 1 mb/s oder weniger. Deswegen hat die Größe der Seite wirklich einen Einfluss auf die Benutzer.

Wir werden bei solchen Dingen von WordPress profitieren.

1.5 Zusammenfassung

Damit habe ich meine Einführung ins responsive Webdesign erfolgreich abgeschlossen. Ich hoffe, Sie fanden sie hilfreich, denn jetzt kommen wir zu dem, warum Sie hier sind. Gemeinsam werden wir die Frage beantworten: »Wie kann ich WordPress nutzen, um gute responsive Websites zu machen?«

Wir werden uns nun Techniken und Implementierungen in WordPress-Themes für die beste RWD-Praxis ansehen und dabei die in WordPress integrierten Funktionen, leichtgewichtige JavaScript-Dateien und serverseitige Erkennung nutzen. Der letzte Teil des Buches wird Anleitungen im Kochbuchstil für responsive Komponenten der Benutzeroberfläche in WordPress enthalten.

1.5.1 Fragen

1. Von wem stammt der Begriff »Responsive Web Design«?
2. Warum ist es wichtig, anstelle von px-basierten Breakpoints solche auf em-Basis einzusetzen?
3. Was ist die beste Art zur Ermittlung von Breakpoints?
4. Was müssen Sie noch bei der Erstellung einer responsiven Website berücksichtigen (abgesehen von der Bildschirmgröße)?

1.5.2 Antworten

1. Ethan Marcotte hat den Begriff »Responsive Web Design« in seinem gleichnamigen Artikel bei *A List Apart* geprägt.
2. em-basierte Breakpoints sind flexibler als px-basierte und passen sich an die Benutzereinstellungen an.
3. Die beste Art zur Bestimmung von Breakpoints ist es, vom Inhalt auszugehen: Wählen Sie einen Breakpoint an der Stelle, ab der der Inhalt nicht mehr gut aussieht.
4. Neben der Bildschirmgröße müssen Sie auch die Verbindungsgeschwindigkeit berücksichtigen sowie die Größe der Dateien; außerdem müssen Sie sich überlegen, was der effizienteste Weg ist, ein Ziel zu erreichen, ohne den Benutzern zu große Datenmengen zuzumuten.

2 Grundlagen der WordPress-Theme-Erstellung

WordPress hat bei seiner Plattform etwas Geniales gemacht. Der Inhalt ist vollständig von der Funktionalität und vom Design getrennt. WordPress-Themes und Plugins erlauben Ihnen ganz elegant, Inhalte, Aussehen und Funktionalität vollkommen unabhängig voneinander zu verwalten. Diese *Trennung der Belange* (separation of concerns) ist etwas, was Sie immer im Hinterkopf haben sollten, wenn Sie mit WordPress arbeiten; es ist auch mehrfach Thema in diesem Kapitel. Genau genommen bietet Ihnen dieses Kapitel einen Einstieg in die Programmierung für WordPress und dabei ist es wichtig, dass Sie sich an diese Trennung erinnern.

Es gibt Unmengen von Dateien im WordPress-Ordner, die gut organisiert und intuitiv benannt sind. Alles, worum Sie sich kümmern müssen, befindet sich in */wp-content/*. Dort sind der */plugins/*- und der */themes/*-Ordner.

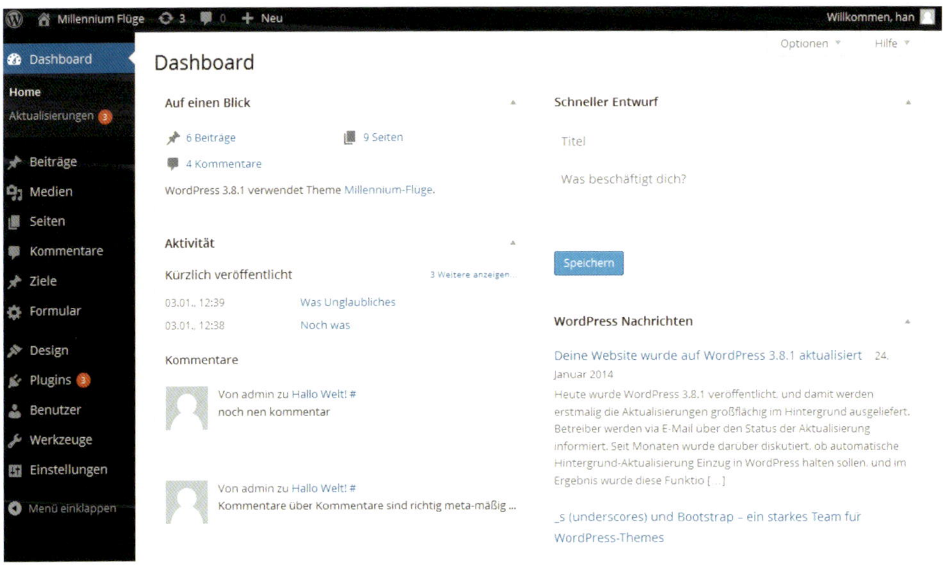

Abb. 2-1 *Das WordPress-Dashboard zeigt Ihnen direkt nach dem Einloggen Ihre letzten Aktivitäten und Statistiken.*

Hinweis

Wenn Sie etwas ändern, das sich nicht im Ordner */wp-content/* befindet, ändern Sie den Kern von WordPress – und das ist eine Todsünde bei der WordPress-Entwicklung. Wenn Sie den Kern von WordPress verändern, führen Sie Änderungen an Dateien durch, die beim nächsten Update überschrieben werden – und solche Updates führen manche Webhoster automatisch durch. Dann sind alle Änderungen verschwunden.

Sie werden die meiste Zeit im */themes/*-Verzeichnis am Erscheinungsbild arbeiten, aber manches, was wir besprechen, gehört eher in die Kategorie Funktionalität oder Inhalt, und funktioniert besser, wenn man es in Plugins auslagert. Schließlich wollen Sie keinen Inhalt und auch keine Funktionalität in das Design Ihrer Webseite einbauen. Um zu entscheiden, ob etwas in ein Theme oder in ein Plugin gehört, sollten Sie sich folgende Frage stellen: »Möchte ich die Funktion behalten, wenn ich die Seite neu designe?« Wenn die Antwort Ja ist (oder Ja sein könnte), sollten Sie daraus ein Plugin machen. Wenn die Antwort hingegen Nein ist, dann gehört das, was Sie hinzufügen wollen, wirklich zum Erscheinungsbild. Und damit gehört es in Ihr Theme.

»Möchte ich die Funktion behalten, wenn ich die Seite neu designe?«

Es gab einen Trend bei kommerziellen WordPress-Themes, mehr Funktionen zu integrieren, damit die Benutzer das Gefühl haben, mehr für ihr Geld zu bekommen. Aber das hat gravierende Nachteile. Wenn Sie ein Theme mit Funktionen anreichern, die nicht direkt zum Design der Website gehören, dann wird der Benutzer die Funktionen bei einem Redesign verlieren. Custom-Post-Types (CPTs = individuelle Inhaltstypen), die es erlauben, verschiedene Arten von Inhalten zu WordPress-Sites hinzuzufügen, sind ein gutes Beispiel für die möglichen Probleme. Nehmen wir an, Sie haben einen Geschäfts-CPT in Ihrem Theme, den Sie nutzen, um ein Firmenverzeichnis zu erstellen. Wenn Sie jetzt Ihr Theme ändern und deaktivieren, *verlieren Sie diese ganzen Inhalte*. Sie müssten die CPTs aus dem Theme kopieren und in das neue einfügen, was für manche Benutzer kein gangbarer Weg ist: Wenn ein Benutzer keinen direkten Zugriff auf den Server hat, kann er das Theme auch nicht auf der Codeebene ändern. Dasselbe betrifft Funktionen wie Bilder-Slider, Zahlungsschnittstellen und alles, was nicht im strengen Sinne zum Design gehört.

Mit dieser Warnung im Kopf können wir uns jetzt genauer mit der Theme-Entwicklung beschäftigen. Wir werden vier Punkte behandeln: die Template-Struktur, den Loop, die Custom-Post-Types und Plugins.

Der WordPress-Codex

Wenn Sie tiefer einsteigen, wird der WordPress-Codex (oder kurz nur »der Codex«) eine unverzichtbare Quelle für Sie werden. Er ist die ausführlichste Dokumentation von WordPress und die erste Anlaufstelle, um etwas über die WordPress-APIs zu erfahren. Dort finden Sie jede Menge Beispielcode, Änderungsprotokolle der einzelnen Versionen und optimale Vorgehensweisen. Kurz gesagt: Der Codex ist Ihr bester Freund bei der Entwicklung von WordPress-Themes und Plugins.

Sie finden den Codex unter http://rwdwp.com/8.

2.1 Gestatten: unsere Website

Nachfolgend sehen Sie die Site, mit der wir das restliche Buch arbeiten werden. Es ist eine Website für ein Weltraum-Reisebüro namens *Millennium Flüge*. In den nächsten Kapiteln werden wir den HTML/CSS-Code in ein vollständig responsives WordPress-Theme verwandeln. Viel Spaß dabei!

Abb. 2-2 *Gestatten: Millennium Flüge, unser zukünftiges WordPress-Theme*

2.2 Die Template-Struktur

Wenn Sie ein Theme entwickeln (die Bezeichnung für ein vollständiges Design einer WordPress-Site), werden Sie einzelne Template-Dateien erstellen, die kontrollieren, wie bestimmte Komponenten der Site dargestellt werden – etwa Beiträge, Seiten, CPTs usw. Unter der Motorhaube von WordPress gibt es eine äußerst differenzierte Template-Hierarchie, die Inhalte in Abhängigkeit davon anzeigt, wie die Theme-Dateien benannt sind. Die einzigen Dateien, die wirklich benötigt werden, damit ein Theme funktioniert, sind *style.css* und *index.php*. Letzteres ist die Datei, die WordPress verwendet, wenn es in einem Theme keine anderen Templates gibt. Gleichzeitig können Sie aber eine Vielzahl von unterschiedlichen Templates für Seiten, einzelne Beiträge, Kategorie-Seiten, Tags, Taxonomien und mehr haben. Für eine noch genauere Kontrolle können Sie auch spezielle Seiten, Tags, Kategorien und Custom-Post-Types definieren. Wenn Sie beispielsweise einen CPT mit Namen »business« haben, so können Sie auch ein Template namens *single-business.php* erstellen, das automatisch verwendet wird, um Beiträge dieser Art anzuzeigen. In dem Fall, dass Sie einen CPT ohne ein spezielles Template haben, wird WordPress stattdessen ein anderes Template verwenden, nämlich *single.php*. Und wenn *single.php* nicht vorhanden ist, *index.php*. Die vollständige Fallback-Struktur sehen Sie in Abb. 2-3, das ist die sogenannte WordPress-Template-Hierarchie.

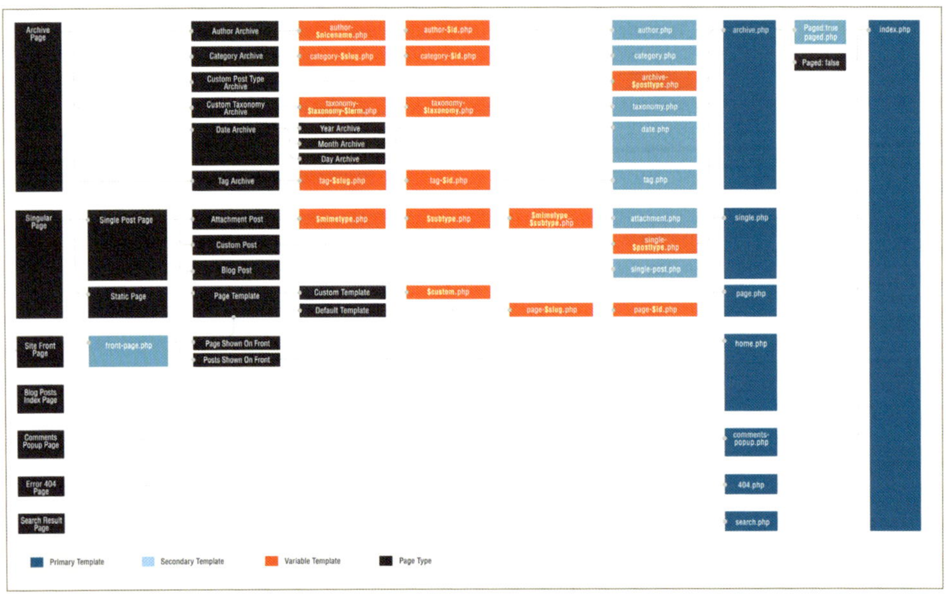

Abb. 2-3 *Die Template-Hierarchie von WordPress. Eine interaktive Version dieses Schaubildes finden Sie unter http://rwdwp.com/9.*

Wir werden uns nicht jedes Detail der Hierarchie ansehen, aber wir beschäftigen uns mit den Grundlagen, bevor wir zu dem spannenderen Teil kommen – der eigentlichen Erstellung eines responsiven Themes.

Tipp

Das sehr gute (und nur auf Englisch erhältliche) Buch *The Web Designer's Guide to WordPress* von Jesse Friedman behandelt viele Aspekte von WordPress, die hier nicht explizit besprochen werden.

2.2.1 style.css

Es ist sinnvoll mit der Datei *style.css* zu beginnen – einfach deswegen, weil dies der Ort ist, wo Ihr Theme definiert wird. Zusätzlich zum sitespezifischen CSS-Code beginnt jede *style.css*-Datei mit einem Codeblock wie dem folgenden:

```
/*
Theme Name: Millennium Flüge
Theme URI: http://www.millenniumflights.com
Description: Ein angepasstes Theme für Millennium Flüge, Inc.
Version: 1.0
Author: Joe Casabona
Author URI: http://www.casabona.org
Tags: blue, white, two-column, flexible-width
License: GPL
License URI: http://www.gnu.org/licenses/gpl.html

Hier können allgemeine Kommentare folgen, sind aber nicht obligatorisch.
*/
```

Dieser Block verrät WordPress alles, was es wissen muss, um das Theme im Administrationsbereich von WordPress unter *Design/Themes* aufzuführen. Das Einzige, was man im Administrationsbereich sieht, das hier nicht im Kommentarblock erwähnt wurde, ist der zugehörige Screenshot. Das ist eine eigene Datei, die entweder *screenshot.png* oder *screenshot.jpg* heißt.

Hinweis

Die hinter `Tags` aufgeführten Begriffe werden von WordPress verwendet, um Ihr Theme aufgrund der aufgeführten Schlüsselbegriffe (Tags) auffindbar zu machen. Die Liste aller erlaubten Tags finden Sie unter http://rwdwp.com/10.

Was den eigentlichen CSS-Code anbelangt, gibt der WordPress-Codex ein paar generelle Empfehlungen, die auf allgemeinen empfohlenen Herangehensweisen basieren; etwa: »verwenden Sie, wenn möglich, validen CSS-Code«, »beschränken Sie browserspezifische Hacks« und »ergänzen Sie eine *print.css*-Datei«. Zusätzlich zu diesen Empfehlungen rate ich Ihnen, den gesamten CSS-Code in *einer* Datei zusammenzufassen. Es ist gängige Praxis, den CSS-Code auf vier verschiedene Dateien aufzuteilen (die Namen können abweichend sein): *reset.css*, *master.css*, *fixes.css* und *styles.css*, wobei die letzte Datei die anderen drei Dateien einbindet. Wie bereits in Kapitel 1 erwähnt, geht es beim RWD um mehr als nur darum, eine Website zu erstellen, die sich in der Größe anpasst. Es geht vielmehr darum, eine Website zu erstellen, die plattformübergreifend eine gute User Experience erlaubt. Wenn ein Benutzer eine beschränkte oder langsame Internetverbindung hat, bedeuten mehr HTTP-Requests eine schlechtere Performance. Anstelle von vier Stylesheets können Sie eines verwenden und damit sparen Sie drei HTTP-Requests, die nur Bandbreite brauchen, die der Nutzer nicht unbedingt hat.

Tipp

Anstelle einer separaten *print.css*-Datei können Sie auch eine Media Query für die Druckformatierungen verwenden. Dafür müssen Sie nur den folgenden Code irgendwo in Ihrem Stylesheet einfügen: `@media print { /* und hier folgt der CSS-Code */ }`.

Eine weitere Empfehlung des Codex ist die Definition einer Reihe von allgemeinen CSS-Styles zur Anordnung von Bildern und zur Gestaltung von Bildunterschriften – was hilfreich ist, wenn Sie gerade beim Designen nicht daran gedacht hatten. Sie finden diese unter http://rwdwp.com/11. Vielleicht noch hilfreicher für beginnende WordPress-Designer ist die vollständige Liste der von WordPress erzeugten CSS-Klassen unter http://rwdwp.com/12.

2.2.2 functions.php

Obwohl ich gesagt habe, dass ein WordPress-Theme nur zwei Dateien benötigt – *styles.css* und *index.php* – möchte ich mir *index.php* für den Schluss aufsparen. Die nächsten drei Dateien, die wir uns ansehen werden, sind wichtig, um eine ordentliche *index.php*-Datei zu erstellen; behandeln wir diese zuerst und beginnen mit *functions.php*.

Die Datei *functions.php* ist der Ort, wo Sie den unterschiedlichsten PHP-Code unterbringen können. Sie können diese Datei verwenden, um Features wie Sidebars, Navigationen, Thumbnails, Ihre eigenen PHP-Funktionen, Theme-Optionen usw. hinzuzufügen. Der Codex beschreibt die *functions.php*-Datei als eine »Plugin«-Datei für Ihr Theme. Die *functions.php*-Datei ist zwar nicht notwendig, aber sie ist äußerst nützlich. Ich benutze meine normalerweise, um Konstanten zu definieren, die ich im Theme brauche. Außerdem integriere ich ein paar allgemeine Funktionen, die ich schon seit Jahren einsetze. Es empfiehlt sich, alles gut zu organisieren, und nicht einfach Kraut und Rüben in diese Datei zu packen, aber prinzipiell kann die *functions.php*-Datei ein zentraler Platz für zusätzliche Funktionalitäten sein.

Hinweis

Wenn Sie mein vorheriges Buch *Building WordPress-Themes from Scratch* gelesen haben, dann erinnern Sie sich vielleicht daran, dass ich gesagt habe, die Datei *functions.php* wäre ebenfalls ein guter Platz für CPTs. Aber – wie bereits am Anfang des Buches erwähnt – empfiehlt es sich heute, aus diesen eigene Plugins zu machen.

In diesem Buch wird *functions.php* benutzt, um die serverseitige Erkennung der Bildschirmauflösung u.Ä. zu bewerkstelligen, sodass Sie verschiedene Templates in Abhängigkeit des Geräts ausliefern können, das der Benutzer verwendet.

Noch ein paar Hinweise zur *functions.php*:

- Sie können WordPress-Hooks einsetzen, um tiefer in WordPress einzugreifen. Sie könnten beispielsweise das RSS-Widget verändern, ein eigenes Logo beim Login-Bildschirm hinzufügen, die Länge des Ausschnitts von Beiträgen bestimmen oder sogar die Ausgabe der `the_content()`-Funktion verändern.
- Sie können Ihre eigenen Funktionen definieren, die auf die gesamte Website angewandt werden, inklusive des Administrationsbereichs. Denken Sie daran, all Ihre Funktionen oder Klassen mit einem Präfix zu versehen, um Konflikte zu vermeiden. Dasselbe sollten Sie auch mit Plugins und Shortcodes machen.
- Sie sollten versuchen, einen Überblick darüber zu behalten, was Sie alles in *functions.php* hinzufügen. Dabei sollten Sie sich immer fragen, was Sie bei einem Redesign behalten möchten. Bei der Arbeit mit dieser Datei können die Dinge leicht etwas unübersichtlich werden.

2.2.3 header.php und footer.php

Die Template-Dateien *header.php* und *footer.php* sind wahrscheinlich diejenigen, die Sie am häufigsten in Ihrem Theme aufrufen, denn sie beinhalten das, was nicht Teil des eigentlichen Inhalts ist. In *header.php* etwa gehört so gut wie alles, was oberhalb des Inhaltsbereichs steht. Dazu zählt `html`, `head` und der `body`-Start-Tag, aber auch beispielsweise der Name der Website, das Suchformular und die Navigation. Um den *header* in ein Template einzubinden, verwenden Sie die `get_header()`-Funktion. Entsprechend steht in der Datei *footer.php* alles, was nach dem Inhaltsbereich kommt. Diese Datei schließt die `body`- und `html`-Tags, und üblicherweise stehen hier auch der Fußbereich der Website, Google Analytics und weitere Dinge, die Sie am Ende vor die `</body>`- und `</html>`-Tags schreiben. Zur Einbindung schreiben Sie `get_footer()`.

Die äußerst wichtige WordPress-Funktion `wp_head()` wird ebenfalls meistens in *header.php* verwendet. Diese Funktion sorgt dafür, dass eine Website alle Skripte, Stylesheets und Informationen von Plugins lädt. Wenn es beispielsweise ein Plugin für einen jQuery-Slider gibt, das `wp_enqueue_script()` nutzt, um JavaScript-Dateien zu laden (oder sogar wenn Sie `wp_enqueue_script()` in Ihrer *functions.php*-Datei schreiben), wird WordPress aufgrund der Funktion `wp_head()` wissen, dass es die JavaScript-Dateien im `head`-Bereich laden muss. Wenn Sie `wp_head()` nicht aufrufen, ist es recht wahrscheinlich, dass die Dinge nicht mehr wie gewünscht funktionieren werden. Sie sollten `wp_head()` direkt vor dem `</head>`-Tag angeben.

Die Datei *footer.php* ist am besten geeignet für das Gegenstück zu `wp_head()`, nämlich `wp_footer()`. Diese Funktion sollte direkt vor dem `</body>`-Tag angegeben werden und sie hat die Aufgabe, alle Skripte, Stylesheets und Texte zu laden, die unten auf der Webseite hinzugefügt werden sollen. Wenn Sie `wp_enqueue_script()` verwenden und den Parameter `$in_footer` auf `true` setzen, wird diese Funktion versuchen, die JavaScript-Datei im Fußbereich zu laden. Ohne `wp_footer()` würde das nicht passieren.

Hinweis

Die einzige Anforderung von `wp_head()` und `wp_footer()` ist, dass diese im `<head>`- bzw. `<body>`-Bereich der Webseite geladen werden müssen, um korrekt zu funktionieren. Wenn Sie eine eigenständige Seite erstellen wollen, die nicht das Theme-Layout benutzt, müssen Sie auch nicht unbedingt `wp_head()` in *header.php* und `wp_footer()` in *footer.php* platzieren, solange sie an der richtigen Stelle stehen.

Abgesehen davon, dass diese Funktionen aufgerufen werden, sehen *header.php* und *footer.php* wie ganz normale Kopf- und Fußbereiche aus, wie Sie sie auf irgendwelchen anderen Webseiten finden. Wo wir gerade dabei sind: Hier sehen Sie die Datei *footer.php*, wie wir sie auf der Millennium-Flüge-Site benutzen werden.

```
</div>
<footer>
  <aside class="group">
    <?php if ( !function_exists( 'dynamic_sidebar' ) || !dynamic_sidebar('Footer') ) : ?>
    //Hier folgen die Widgets des Fußbereichs
    <?php endif; /* (!function_exists('dynamic_sidebar') */ ?>
  </aside>
  <p>&copy; <a href="http://millenniumflights.com">Millennium Flüge</a>, <?php
     print date('Y'); ?>.</p>
</footer>
</div>
<?php wp_footer(); ?>
  </body>
</html>
```

Nachdem Sie alles Entscheidende über *style.css*, *functions.php*, *header.php* und *footer.php* wissen, kommen wir jetzt zur allerwichtigsten Datei.

2.2.4 index.php

Nur aufgrund der *index.php*-Datei funktioniert eine WordPress-Site überhaupt. Wie Sie in Abb. 2-3 bereits gesehen haben, ist das Fallback-Template für jede Template-

Datei die *index.php*. Das bedeutet, dass alle Beiträge, Seiten, CPTs, Archivseiten, Suchergebnisse, Autorenseiten oder andere Elemente standardmäßig den Code von *index.php* benutzen, wenn kein anderes Template existiert. Im Wesentlichen können Sie jeden Inhalt, den Sie im Administrationsbereich von WordPress eingegeben haben, anzeigen lassen, solange in Ihrer *index.php* der richtige Code steht.

In der *index.php*-Datei sollte es drei wichtige Bereiche geben: einen Aufruf der header-Funktion `wp_head()`, einen Aufruf der footer-Funktion, `wp_footer()` und den überaus wichtigen WordPress-Loop, den wir uns im nächsten Abschnitt ansehen.

Genauso wie bei jeder anderen Website hängt der Aufbau der *index.php*-Datei davon ab, was Sie auf der Site haben wollen; der große Unterschied zu anderen Websites ist allerdings, dass diese Datei wirklich den Aufbau aller Seiten der Website beeinflussen kann. Natürlich ist das im Normalfall nicht der Fall, weil Theme-Designer auch andere Templates erstellen, aber es ist etwas, was Sie auch nicht aus den Augen verlieren sollten.

Hinweis

Es ist gängige Praxis, über die *index.php* die Anzeige der neuesten Blogbeiträge zu steuern und eventuell auch die Anzeige der Suchergebnisse und der Archivseiten. Um die anderen Sachen kümmern sich eigene Template-Dateien.

Das Wichtigste, was Sie sich merken müssen, ist Folgendes: Wenn Sie eine angepasste Startseite haben möchten, dann sollten Sie dafür *nicht* die *index.php*-Seite nehmen. Würden Sie das nämlich machen, ist es ziemlich sicher, dass Seiten wie die Ergebnisse der Suche (*search.php*) oder Archivseiten (*archives.php*) nicht mehr funktionieren. Stattdessen sollten Sie ein Seiten-Template – das Sie vielleicht *page-home.php* nennen – erstellen oder meinen empfohlenen Ansatz nehmen und die WordPress-Template-Hierarchie verwenden. Sie können zwei Wege gehen, über *home.php* oder *front-page.php*. Was die Hierarchie anbelangt, so setzt sich *home.php* gegenüber *index.php* durch, aber nur bei der Startseite der Website. Wenn Sie also wollen, dass der Loop auf der Startseite anders aussieht als auf den anderen Seiten, dann erstellen Sie eine Datei namens *home.php* und WordPress kümmert sich um den Rest. Wenn Sie hingegen eine statische Startseite haben wollen (also eine, die nicht eine Liste der letzten Beiträge beinhaltet), so sollten Sie *front-page.php* nutzen. Die Art, wie WordPress die Datei *front-page.php* behandelt, können Sie sich durch folgende Schritte verdeutlichen:

1. Erstellen Sie zuerst ein *front-page.php*-Template in Ihrem Theme.
2. Legen Sie eine neue Seite im Administrationsbereich von WordPress an, beispielsweise mit dem Namen »Startseite«.
3. Gehen Sie dann zu *Einstellungen/Lesen* im Dashboard und ändern Sie *Startseite zeigt* von *Deine letzten Beiträge* in *Eine statische Seite*.
4. Wählen Sie dann die Startseite aus der Auswahlliste.

Jetzt wird unabhängig davon, welches Template die Startseite nutzt, *front-page.php* den Vorrang haben (Abb. 2-4).

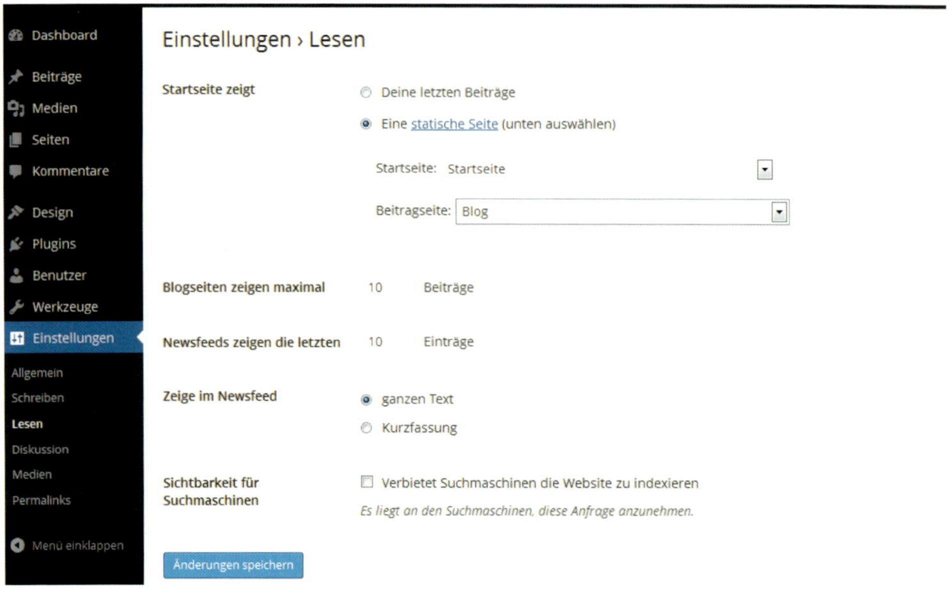

Abb. 2-4 *Die Einstellung Lesen im Administrationsbereich von WordPress, wo Sie eine statische Startseite auswählen können.*

Damit kennen Sie die Dateien, die meiner Meinung nach die wichtigsten in einem WordPress-Theme sind. Aber es fehlt noch eine Möglichkeit, den Inhalt, den Sie im Administrationsbereich eingegeben haben, auf Ihrer Website ausgeben zu lassen. Dafür haben wir den WordPress-Loop.

2.3 Der Loop

Der WordPress-Loop (der Loop oder auch *The Loop* genannt) ist nicht weniger als das Herz jeder WordPress-basierten Site. Er steuert, wie Inhalt in einem Template angezeigt wird, und deswegen müssen Sie einfach wissen, wie der Loop funktioniert. Hier sehen Sie, was im WordPress-Codex über den Loop steht:

> ***Der Loop*** *wird von WordPress benutzt, um jeden Beitrag anzuzeigen. WordPress verwendet den Loop, um jeden Beitrag zu bearbeiten, der auf der aktuellen Seite angezeigt werden soll, und formatiert ihn entsprechend bestimmter Kriterien im Loop-Tag. HTML- oder PHP-Code, der im Loop steht, wird bei jedem Beitrag wiederholt.*

Im Wesentlichen hat WordPress eine Reihe von Funktionen für folgende Zwecke:

1. Sicherstellen, dass es Beiträge gibt, die angezeigt werden können.

2. Diese Beiträge ausgeben lassen.
3. Besondere Funktionen, die Template-Tags genannt werden, erlauben es Ihnen genau anzupassen, wie die Inhalte aus den Beiträgen angezeigt werden. Der Inhalt wird aufgrund einer Anfrage ausgelesen, die an die Seite gesendet wird, die Sie aufrufen. Diese Abfrage wird aus der URL ausgelesen.

Seiten-URLs in WordPress

Standardmäßig sieht eine WordPress-URL etwa folgendermaßen aus: http://www.example.com?p=123. In diesem Beispiel ist p eine Variable, die die ID eines Beitrags darstellt.

WordPress hat eine unglaublich ausgefeilte Linkstruktur, die als Permalinks bekannt ist. Diese erlaubt es Ihnen, lesbare URLs zu erzeugen, die mehr Informationen beinhalten wie beispielsweise das Erscheinungsdatum des Beitrags, den Beitragstitel usw. Diese können Sie über den Administrationsbereich von WordPress über *Einstellungen/Permalinks* steuern. Der Codex bietet eine ausführliche Erläuterung dazu unter http://rwdwp.com/14.

Obwohl jeder Loop in einem bestimmten Template anders aussehen kann (beispielsweise können *single.php* und *page.php* unterschiedliche Loops haben), haben sie doch immer dieselbe Grundstruktur.

2.3.1 Der Grundaufbau

Erst einmal sollten Sie wissen, dass ein Template mehr als einen Loop haben kann. Es gibt einen Loop, der die erste Anfrage behandelt, die an die Seite weitergeleitet wird. Ich werde diesen Loop als »Haupt-Loop« bezeichnen und die anderen als »zweitrangige Loops«.

Der Haupt-Loop in einem Template beginnt folgendermaßen:

```
<?php if ( have_posts() ) : while ( have_posts() ) : the_post(); ?>
```

Was passiert hier? Drei WordPress-Funktionen werden aufgerufen:

- `have_posts()` stellt sicher, dass es Beiträge gibt, die angezeigt werden können. Wenn es keine Beiträge gibt, gibt `have_posts()` `false` zurück.
- Dieselbe Funktion soll kontinuierlich verfolgen, ob es Beiträge gibt, deswegen wird sie als Bedingung in einer `while`-Schleife verwendet.
- `the_post()` greift auf einen Beitrag aus einer Reihe von Beiträgen zu.

Noch einmal: Weil es der Haupt-Loop ist, mit dem wir es gerade zu tun haben, werden die Beiträge aufgrund der Anfrageparameter ausgewählt, die an die Seite übergeben werden. Sie könnten übrigens die ursprüngliche Abfrage mit `WP_Query()` oder `get_posts()` überschreiben, um angepasste Informationen zu erhalten, aber darüber reden wir später. Unabhängig davon, solange die Abfrage Beiträge zurückliefert, gibt `have_posts()` `true` zurück und wir gelangen in den Loop.

Den Loop beenden Sie auf folgende Art:

```
<?php endwhile; else: ?> <?php _e('No posts were found. Sorry!'); ?> <?php endif; ?>
```

Hier haben wir einen einfachen Fallbackmechanismus in Form einer `if-else`-Anweisung. Wenn `have_pots()` `false` zurückgibt, erhält der Benutzer den Hinweis, dass es keine Beiträge gibt. Innerhalb des Loops können Sie die unterschiedlichsten Dinge tun, um die Anzeige der Beiträge genau anzupassen. Alle Template-Tags finden Sie im Codex und sie sind recht intuitiv benannt, sodass Sie einen Eindruck erhalten, was sie machen. Da sind Tags für den Titel (`the_title()`), den Zeitpunkt (`the_time()`), den Inhalt (`the_content()`), den Ausschnitt (`the_excerpt()`), die Kategorie (`the_category()`), die Tags (`the_tags()`), den Permalink (`the_permalink()`) und viele mehr. Es lohnt sich wirklich alle Template-Tags anzusehen, die es gibt, da Sie mit ihnen recht viel erreichen können.

Alle Template-Tags geben automatisch die Information aus, die sie zurückliefern. Wenn Sie hingegen wollen, dass diese Information nicht automatisch ausgegeben wird, können Sie andere Funktionen nutzen: Die meisten dieser Funktionen haben Gegenstücke mit `get`. Beispielsweise gibt `get_the_title()` den Wert nur zurück, anstatt ihn gleich auszugeben. Hier sind ein paar Template-Tags und ihre Funktion:

- `the_content()`: Das gibt den Inhalt des Beitrags aus, also das, was in den Beitragseditor auf der Administrationsseite eingegeben wurde. Bei einem Einzelseiten-Template (also beispielsweise *single.php*) wird der gesamte Inhalt ausgegeben. Auf einer Seite mit mehreren Beiträgen wird nur der Inhalt bis zu `<!--more-->` ausgegeben. Wenn `<!--more-->` nicht im Beitragsinhalt ergänzt wurde, wird der ganze Inhalt angezeigt.
- `the_excerpt()`: Diese Funktion gibt die ersten 55 Wörter eines Beitrags aus und ergänzt [...] am Ende des Strings. Sie akzeptiert keine Argumente. Sowohl die Anzahl der Wörter als auch das Auslassungszeichen (...) können in der *functions.php*-Datei über Filter geändert werden.
- `the_permalink()`: gibt die absolute URL des Beitrags oder der Seite in dem Format aus, wie es im Administrationsbereich von WordPress unter *Einstellungen/Permalinks* festgelegt wurde.

2.3.2 Mehrfache Loops

Es gibt Fälle, in denen Sie neben dem Haupt-Loop einen zweiten Loop in Ihre Seite integrieren wollen – vielleicht um andere Beiträge anzeigen zu lassen, zusätzliche Inhalte, Bilder oder sonst etwas. Glücklicherweise bietet WordPress auch für diesen Fall eine Lösung.

Es gibt mehrere Wege, das zu realisieren; darunter auch einen, der ganz eindeutig als »der falsche Weg« gilt. Vielleicht ist Ihnen im Codex schon die Funktion `query_` posts() begegnet; diese modifiziert in den meisten Fällen die Beiträge oder zeigt den Inhalt an, den Sie wollen. Allerdings verwendet auch der Haupt-Loop diese Funktion, deswegen kann es, wenn Sie sie aufrufen, zu Konflikten bei der Inhaltsausgabe kommen. Es kann passieren, dass Sie am Schluss mit zwei verschiedenen Titeln, dem falschen Inhalt oder anderen unvorhersehbaren Problemen dastehen.

Hinweis

Sogar auf der Codex-Seite zu query_posts() steht, dass Sie diese Funktion nicht verwenden sollten.

Glücklicherweise gibt es zwei bessere Arten, weitere Inhalte zu laden: WP_Query und get_posts(). Beide machen im Endeffekt dasselbe, aber ich werde get_posts() besprechen, weil es etwas leichter zu verstehen ist.

get_posts() erlaubt es, mehrere Loops in einem Template zu erstellen, ohne dass Sie die Hauptabfrage der Seite ändern müssen. Der einzige Unterschied ist, dass Sie Ihren Loop ein bisschen anders aufbauen müssen.

```
<?php
$custom_posts= get_posts(array('numberposts' => 4, 'category'=> 3, orderby =>
     'title'));
foreach ($custom_posts as $custom_post) :
setup_postdata($custom_post); ?>
<h3><?php the_title(); ?></h3>
<?php the_excerpt(); ?>
<?php endforeach; ?>
```

Vielleicht haben Sie den kleinen Unterschied bemerkt, wie wir diesen Loop geschrieben haben im Vergleich zum Haupt-Loop. Die folgende Zeile aus dem Haupt-Loop

```
<?php if (have_posts()) : while (have_posts()) :     the_post(); ?>
```

ist für das reserviert, was über query_posts() ermittelt wird, was die Standardinformation für die Seite sein sollte. Stattdessen liefert get_posts() ein Array von Beiträgen, die Sie in einer eigenen Variable speichern können, um sie dann bei jedem Loop zu durchlaufen.

Um die normalen Template-Tags zu nutzen, die wir uns angesehen haben, rufen Sie die Funktion setup_postdata() auf, übergeben ihr die Informationen aus dem aktuellen Beitrag – der jetzt in der Variable $custom_post gespeichert ist. Dann können Sie weiter wie gewohnt vorgehen und die üblichen Template-Tags nutzen.

2.4 Custom-Post-Types

Als die Custom-Post-Types (CPTs »Individuelle Inhaltstypen«) in WordPress 3.0 eingeführt wurden, dachte ich, sie wären die allerbeste Erfindung bei WordPress der letzten Zeit. Sie machten aus WordPress ein echtes Content-Management-System

(CMS), denn sie ermöglichten Webentwicklern, nicht nur Beiträge und Seiten zu ergänzen, sondern beliebige Inhalte.

Ein CPT gibt uns die Möglichkeit an die Hand, innerhalb von WordPress mit verschiedenen Inhaltstypen umzugehen. Jeder CPT wird genauso wie ein Beitrag oder eine Seite behandelt (Abb. 2-5).

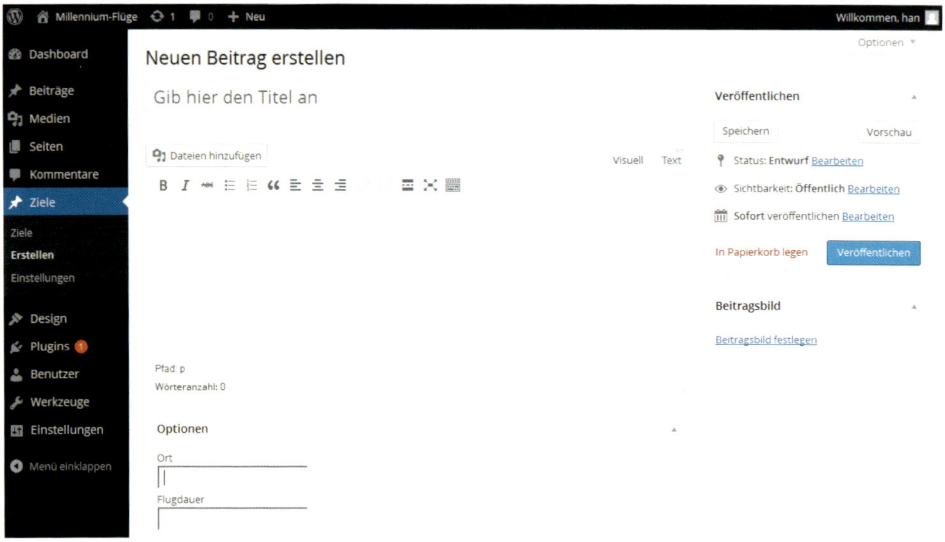

Abb. 2-5 *Der Administrationsbereich für einen CPT zum Thema »Ziele«, den ich für die Site Millennium Flüge entwickelt habe. Dieser CPT listet Informationen zu den angebotenen Reisezielen auf.*

Hinweis

Ein besserer Name als Custom-Post-Type wäre wahrscheinlich Custom Content Type, also angepasste Inhaltstypen gewesen, da Leute bei dem Wort »Post« an die Blog-Beiträge (Posts) denken.

CPTs haben dieselbe Basis wie die in WordPress integrierten Inhaltstypen, von denen es fünf gibt. Die meisten WordPress-Benutzer kennen Beiträge und Seiten und können diese als Inhaltstypen verstehen, weil sie so behandelt werden. Allerdings gibt es drei weitere Inhaltstypen:

- **Attachments** sind Dateien, die in WordPress über *Medien hinzufügen* hochgeladen werden, es können Bilder, Videos, PDFs und andere unterstützte Dateiformate sein.
- **Revisionen** sind Entwürfe oder verschiedene Versionen von Beiträgen oder Seiten.
- **Navigationsmenüs** sind Menüs, die über den Punkt *Design/Menüs* im WordPress-Administrationsbereich verwaltet werden.

CPTs erlauben unbeschränkt viele Inhaltstypen, sie werden für Branchenbücher, Personen, Immobilien, Kurse, Hausaufgaben und vieles mehr verwendet. In unserem Beispiel werden wir CPTs für die Ziele verwenden, zu denen man mit Millennium Flüge reisen kann.

Hinweis

Ein CPT für die Verwaltung von Immobilien könnte Titel, Beschreibung und ein Foto beinhalten (alles über den Standard-WordPress-Editor verfügbar), aber auch Ergänzungen für den Preis, die Adresse, die Anzahl von Zimmern und Bädern, Informationen über den Verkäufer, Größe in Quadratmetern usw.

Ich werde in diesem Kapitel nicht alle Details über die Programmierung von CPTs besprechen (dazu gibt es mehr in Kapitel 7), aber ich werde die grundlegende Funktionsweise erläutern und nützliche Tipps zu ihrer Erstellung geben.

Die Funktion, die für Sie CPTs erstellt, heißt `register_post_type()` und sie akzeptiert zwei Argumente: einen String für den Inhaltstyp, der als Slug verwendet wird, und ein Array von Argumenten für den Inhaltstyp. Die Argumente sind umfangreich, denn damit können Sie viel steuern – angefangen damit, eine einfache Beschriftung zu vergeben (wie beispielsweise »Ziele«) bis zur Änderung des Menü-Icons und der Position. Alle Details dazu finden Sie im WordPress-Codex unter http://rwdwp.com/15.

Wenn Sie sich entscheiden, dass Sie Kategorien oder Tags brauchen (die beide unter dem Begriff *Taxonomie* subsumiert werden), so müssen Sie dies zusätzlich zur Definition der CPTs angeben. Wenn Sie erst einmal einen CPT registriert haben, können Sie neue Taxonomien erstellen und WordPress anweisen, diese zu beliebigen Inhaltstypen hinzuzufügen – inklusive Ihrer selbst erstellten. Das machen Sie über die Funktion `register_taxonomy()`, die drei Argumente erwartet: einen Namen, ein Array von Inhaltstypen (die per Slug angegeben werden) und ein Array von Argumenten.

Bei der Entwicklung eines CPT würde ich Ihnen empfehlen, unbedingt Folgendes zu machen:

- Platzieren Sie Ihre CPTs in einem eigenen Plugin. Wie bereits erwähnt, sind CPTs schlicht und einfach Inhalt. Wenn Sie sie einem Theme hinzufügen (beispielsweise über die *functions.php*-Datei), dann verlieren Sie diese CPTs in dem Moment, in dem Sie das Theme deaktivieren.
- Planen Sie Ihre CPTs gut. Ich finde es hilfreich, mir die Felder aufzuzeichnen, d.h. wofür sie stehen werden (also beispielsweise Name -> Titel) und – das ist das Wichtigste – wie jedes Feld verwendet werden soll. Es ist beispielsweise wichtig, Textfelder von Kategorien und Tags zu unterscheiden. Wenn Sie eine falsche Implementierung wählen, müssen Sie vielleicht eine Lösung zusammenhacken oder Ihre CPTs neu programmieren.

- Wenn Sie können, sollten Sie ein einfaches Framework oder Template für Ihre CPTs erstellen. In den Quellen im Anhang finden Sie einen Link zu meinem Framework/Template bei GitHub. Ich habe es bei fast allen meinen CPTs verwendet und es hilft, den Entwicklungsprozess zu beschleunigen.

Nachdem Sie jetzt ein bisschen was über CPTs und darüber erfahren haben, dass sie in eigenen Plugins untergebracht werden sollen, sollten wir uns der Plugin-Erstellung zuwenden.

2.5 Plugins und Shortcodes

Plugins und Shortcodes bieten den Benutzern eine gute Möglichkeit, die Funktionalität zu erweitern, ohne dass sie wissen müssen, wie sie den eigentlichen Kern von WordPress programmieren oder verändern (was sie ja nicht tun sollten). Und es ist unsere Aufgabe als Webentwickler, dafür zu sorgen, dass unsere Plugins beim Anwender einen guten Eindruck hinterlassen. Legen wir los: Hier sind die Grundlagen der Plugin-Entwicklung.

Ein Plugin ist ein Programm oder eine Reihe von Funktionen, die die Funktionalität einer WordPress-Website erweitern. Ein Plugin kann alles Mögliche sein – von einem Einzeiler bis zu einem komplexen Programm mit mehreren Dateien, das aus WordPress eine E-Commerce-Anwendung macht. Alle Plugins werden im Ordner */wp-content/plugins* gespeichert. Und wenn sie korrekt definiert sind, erscheinen sie im WordPress-Administrationsbereich unter dem Punkt *Plugins* (Abb. 2-6).

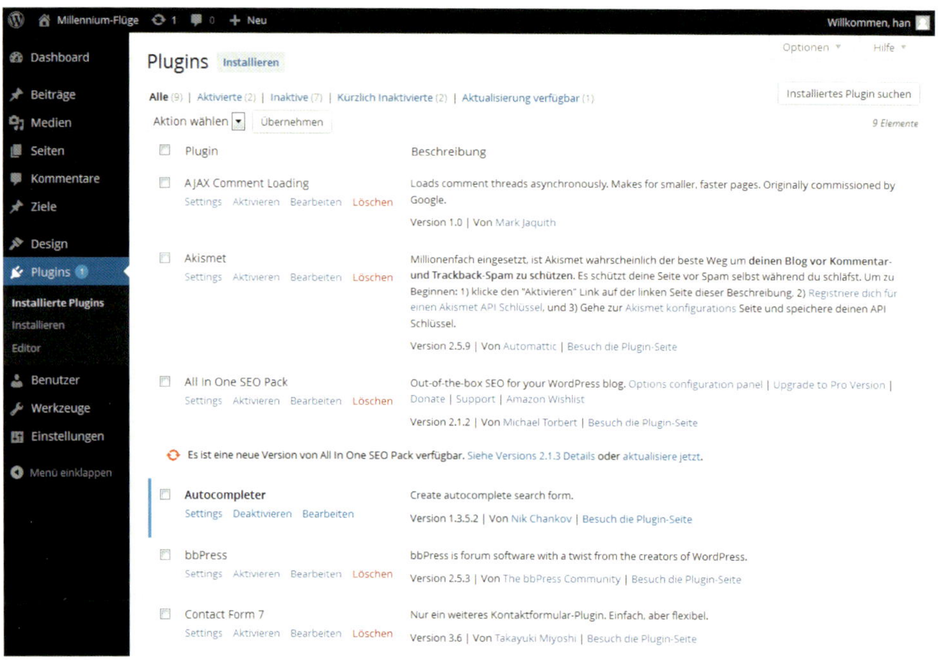

Abb. 2-6 *Der Plugin-Bereich von WordPress, wo Sie Plugins aktivieren, deaktivieren, hinzufügen oder löschen können.*

Jedes Plugin wird in einem eigenen Unterordner innerhalb von *wp-content/plugins/* gespeichert, den Sie beliebig benennen können. Es empfiehlt sich, dem Unterordner einen eindeutigen und gleichzeitig aussagekräftigen Namen zu geben, sodass es keine Konflikte mit anderen Plugins gibt und der Nutzer das Plugin sofort erkennt. Das Gleiche gilt auch für die Hauptdatei, die ich normalerweise genauso wie den Unterordner benenne. Für den Ziele-CPT habe ich das Unterverzeichnis */mf-destinations-cpt/* genannt (und parallel dazu heißt die Hauptdatei *mf-destinations-cpt.php*). Wie auch bei Funktionen und Klassen habe ich meine Plugin-Informationen mit einem Präfix versehen, was die Wahrscheinlichkeit für Konflikte erheblich reduziert. Wir werden das Präfix *mf-* für all unsere Dateien, Ordner, Funktionen, Klassen und Shortcodes nutzen.

In der Hauptdatei Ihres Plugin-Unterordners steht die Definition des Plugins, ganz ähnlich wie Sie auch die Theme-Definition in Ihrer Haupttheme-Datei im Theme-Unterordner angeben:

```
/*
Plugin Name: Ziele-CPT
Plugin URI: http://millenniumflights.com
Description: Dieses Plugin erstellt einen Custom-Post-Type und eine Template-Seite
für alle Ziele, die Millennium Flüge anbietet.
Author: Joe Casabona
Version: 1.0
Author URI: http://casabona.org/
*/
```

Sie können auch noch die verwendete Lizenz angeben (meist wird die GPL eingesetzt) und auch den Wortlaut der Lizenz, wenn Sie möchten.

Über die GPL

In den letzten Jahren gab es eine heiße Diskussion über WordPress-Themes, Plugins, Entwickler und die GPL, was für GNU General Public License steht. Die GPL ist der Grund dafür, dass WordPress Open-Source-Software ist. Es gibt eine Klausel in der GPL, in der es heißt, dass alle Dateien, die WordPress-Code verwenden, ebenfalls unter der GPL veröffentlicht werden müssen. Das bedeutet, dass jedes Plugin oder Theme, das Sie herausgeben, zu größten Teilen Open-Source sein müsste. Aber es gibt eine kleine Hintertür.

Weil CSS-Dateien und Bilder keinen WordPress-Code nutzen, können diese unter einer beliebigen Lizenz veröffentlicht werden. Das hat zu Konflikten zwischen Puristen, die der Meinung sind, dass die vollständigen Themes und Plugins Open-Source sein sollten, und anderen Entwicklern geführt, die eine duale Lizenz verwenden: GPL für WordPress-Code und eine proprietäre für ihren CSS-Code und ihre Bilder.

Der Initiator von WordPress, Matt Mullenweg, vertritt deutlich die Meinung, dass alle im Zusammenhang mit WordPress stehenden Projekte vollständig Open-Source sein sollten.

Wenn das Plugin definiert ist, können Sie mit der Programmierung loslegen! Es gibt ein paar Konventionen, die Entwickler beachten sollten, dazu gehört alles, was auf den WordPress-Coding-Standard-Seiten aufgeführt ist (http://rwdwp.com/16). Das beinhaltet viel, worüber wir bereits geredet haben – wie Präfixe zu benutzen, um Konflikte zu vermeiden –, aber auch allgemeine Empfehlungen für einen guten Programmierstil (wie die Überprüfung und Bereinigung von Daten, bevor sie in der Datenbank gespeichert werden).

Die Plugin-API erlaubt es uns, die mächtigen Funktionen von WordPress anzuzapfen, indem wir Hooks, Actions und Filter nutzen.

2.5.1 Hooks, Actions und Filter

Hooks sind Code-Schnipsel, die uns ermöglichen, gut mit WordPress zusammenzuarbeiten; es gibt zwei Arten von Hooks: Action-Hooks und Filter-Hooks.

Action-Hooks sind Funktionen, die mit irgendeinem Ereignis verbunden sind, das in WordPress ausgelöst wird. Beispielsweise können Sie eine Aktion hinzufügen, die automatisch einen Tweet versendet, wenn Sie einen Beitrag schreiben, indem Sie den Hook `publish_post` verwenden. Nehmen wir an, Sie haben die fiktive Funktion `mf_send_tweet()`. In Ihrem Plugin (normalerweise direkt vor oder nach der Funktionsdefinition) können Sie dann den folgenden Code hinzufügen:

```
add_action('publish_post', 'mf_send_tweet');
```

Das weist WordPress an, in dem Moment, in dem der Hook `publish_post` ausgelöst wird, die Funktion `mf_send_tweet()` aufzurufen. Es gibt eine unglaublich lange Liste von Action-Hooks, die Sie alle im Codex unter http://rwdwp.com/17 finden.

Ähnlich erlauben Ihnen Filter, aufgrund eines ausgelösten Hooks den Inhalt zu verändern. Im Wesentlichen reicht ein Filter einen Inhalt an eine von Ihnen bestimmte Funktion weiter. Dann ändern Sie den Inhalt und geben ihn wieder zurück, damit er auf der Website ausgegeben werden kann. Sehen wir uns beispielsweise den folgenden Code an:

```
function mf_add_signature($content){
$content .= '<p><img src=»'. IMAGES .'/sig.png" alt="Joseph L. Casabona, Gründer"
    /></p>';
return $content;
}
add_filter( "the_content", "mf_add_signature" );
```

Hier haben wir eine Funktion, die eine Signatur mit einem Bild am Ende des Inhalts ergänzt, der an die Funktion übergeben wird. Wichtig dabei: Sie müssen den Inhalt mit `return` zurückgeben. Anderenfalls funktioniert der Filter nicht richtig.

Wenn Sie die Funktion definiert haben, können Sie einen Filter wie im Beispiel in der letzten Zeile über die Funktion `add_filter()` hinzufügen. Genauso wie bei `add_action()` können Sie zwei Argumente angeben: den gewünschten Hook und die Funktion, die aufgerufen werden soll, wenn der Hook ausgelöst wird. Eine Liste aller Filter, die Sie benutzen können, finden Sie unter http://rwdwp.com/18.

Lassen wir Hooks, Actions und Filter einmal beiseite: Vielleicht wollen Sie Plugin-Daten für die spätere Verwendung speichern. Für das Speichern von Daten haben Sie vier Möglichkeiten:

1. Sie können das Speichern über CPTs durchführen, wie Sie es auch in Ihrem Plugin machen.
2. Sie können WordPress-Optionen-Funktionen verwenden, die Ihnen im Wesentlichen erlauben, Variablen zu definieren und in der *wp_options*-Datenbanktabelle zu speichern. Das ist die empfohlene Art für Theme-Optionen, so lange Sie eine relativ kleine Menge an Daten speichern.
3. Sie können selbstdefinierte Taxonomien einsetzen, die Sie ebenfalls in Ihrem Plugin verwenden.
4. Außerdem können Sie eine eigene Datenbanktabelle erstellen. In den meisten Fällen sollten die drei erwähnten Wege gut funktionieren, aber Sie haben auch die Möglichkeit, eine Datenbanktabelle zu erzeugen. Wenn Sie das machen, sollten Sie unbedingt die Anweisungen aus dem Codex unter http://rwdwp.com/19 befolgen.

Schließlich sollten Sie unbedingt Shortcodes und Template-Tags für die Hauptfunktionalität Ihrer Plugins definieren und dokumentieren. Sie wollen schließlich nicht, dass die Benutzer sich durch Ihren Code wühlen müssen, um die gesuchten Funktionalitäten zu finden. Template-Tags sind unkompliziert; sie sind einfache Funktionen, die der Benutzer aufrufen kann (was in PHP jede Funktion ist, die nicht explizit als `private` oder `protected` deklariert ist). Benutzer können diese Funktionen in ihren eigenen Plugins oder Themes verwenden. Sie als Entwickler können diese Template-Tags dann einsetzen, um Shortcodes zu erzeugen.

2.5.2 Shortcodes

Shortcodes sind Schnipsel, die der Benutzer in seinen WordPress-Editor einfügen kann, um eine bestimmte Funktionalität aufzurufen. Shortcodes haben immer dasselbe Format `[name-des-shortcodes]`. WordPress machte Ihnen ihre Erstellung recht einfach. Gehen wir einmal von der folgenden Funktion aus:

```
function mf_hello_world(){
  return "Hallo Welt!";
}
```

Wenn Sie jetzt einen Shortcode erstellen wollen, der »Hallo Welt« in einen Beitrag oder eine Seite einfügt, dann müssen Sie nur irgendwo in Ihrem Plugin (wahrscheinlich entweder oberhalb oder unterhalb der Funktionsdefinition) Folgendes schreiben:

```
add_shortcode('mf_hello', 'mf_hello_world');
```

Damit ist der Shortcode `[mf_hello]` erstellt, der Ihre Funktion aufruft, wenn er im Inhalt verwendet wird. Sie werden feststellen, dass es besser ist, den Text mit `return` zurückzugeben als mit `print` auszugeben. Der Grund hierfür ist, dass die Informationen, die von der Funktion zurückgegeben werden, im Inhalt eingefügt werden. Eine Ausgabe im Shortcode selbst wird nicht funktionieren, weil sie wahrscheinlich an der falschen Stelle erfolgen würde.

Sie können mit Shortcodes und dem Einsatz von Argumenten und anderen Dingen weit kommen. Wir werden uns ein paar Beispiele dafür in Kapitel 7 ansehen.

2.6 Zusammenfassung

Puh, was für ein Kapitel! Wir haben uns WordPress-Themes angesehen, CPTs, Plugins und Shortcodes und ein paar zusätzliche Informationen, die Sie zum Loslegen brauchen. Dabei haben wir aber wirklich nur an der Oberfläche gekratzt. Wenn Sie tiefer in die Entwicklung von WordPress-Themes einsteigen wollen, finden Sie am Ende des Buches ein paar nützliche Quellen aufgelistet, darunter auch mein voriges Buch. Was Sie sich merken sollten: Es ist wichtig zu unterscheiden zwischen dem, was in ein Theme, und dem, was in ein Plugin gehört.

Ich weiß, dass wir in diesem Kapitel nicht so viel gecoded haben, aber das wird sich ändern. In den nächsten Kapiteln werden wir ein Theme für Millennium Flüge entwickeln und dabei Optimierungen vornehmen, die WordPress uns für die Umsetzung besserer responsiver Designs bietet.

2.6.1 Fragen

1. Was sollten Sie sich selbst für eine Frage stellen, um zu entscheiden, ob ein Code besser im Theme oder in einem Plugin aufgehoben ist?
2. Welche Funktion sollten Sie nie nutzen, wenn Sie die Inhalte für einen Loop ermitteln wollen?
3. Was sind die fünf in WordPress integrierten Inhaltstypen?
4. Was ist der Unterschied zwischen Actions und Filtern?

2.6.2 Antworten

1. Möchte ich diese Funktionalität bei einem Redesign der Website behalten?
2. `query_posts()`
3. Beiträge, Seiten, Revisionen, Attachments und Navigationsmenüs
4. Actions lösen eine bestimmte Funktion aus, die ausgeführt werden soll. Filter hingegen ändern Inhalte in Abhängigkeit vom aufgerufenen Hook.

3 Ein responsives Theme erstellen – die richtige Basis

Bisher haben wir uns mit dem responsiven Webdesign (RWD), mit empfohlenen Herangehensweisen und mit einigen Grundfunktionalitäten von WordPress, darunter Themes, beschäftigt. Jetzt befassen wir uns mit konkreten Schritten zur Erstellung eines responsiven Themes in WordPress.

Das Erste, womit wir uns in diesem Kapitel beschäftigen, sind mehrere RWD-Techniken. Wir haben uns bereits Media Queries angesehen, aber es gibt mehr Nützliches fürs RWD: *Responsive Webdesign + Server Side Components* (RESS), JavaScript und sogar eine direkt in WordPress integrierte Funktion. Dann beginnen wir, die Grundlage unseres responsiven Themes zu erstellen.

RESS erlaubt es, dynamisch in Abhängigkeit vom aufrufenden Gerät Codeteile – sei es PHP, HTML oder JavaScript – oder sogar vollständige Templates zu laden. Zur Umsetzung von RESS existieren verschiedene Möglichkeiten, darunter eine einfache User-Agent-Ermittlung, was WordPress mit einer integrierten Funktion erlaubt. Es gibt außerdem mehrere Open-Source-Techniken; wir sehen uns diejenige an, die am häufigsten verwendet wird und die auch am genauesten ist.

JavaScript bietet viele Optionen zur Performanceverbesserung, z.B. die clientseitige Überprüfung der Bildschirmgröße und des anfordernden Gerätes – das kann genauer sein als die serverseitige Prüfung mit RESS. Zu den Techniken, die uns JavaScript bietet, zählt unter anderen auch die Überprüfung der Browserunterstützung für ein bestimmtes Feature und das späte Laden (lazy loading) von Inhalten.

Hinweis

Lazy loading ist eine bekannte Entwicklungstechnik, bei der das Programm (oder in diesem Fall die Website) mit dem Laden bestimmter Komponenten wartet, bis diese benötigt werden.

3.1 RWD-Techniken

Wie Sie sich nach der Lektüre von Kapitel 1 und des vorigen Abschnitts sicher vorstellen können, gibt es eine Reihe von Techniken, die ein Webentwickler anwenden kann, um dem Benutzer eine gute responsive User Experience zu bieten. Obwohl wir uns schon ausführlich mit Media Queries beschäftigt haben, wollen wir dennoch mit diesen beginnen.

3.1.1 Media Queries

Media Queries stehen an erster Stelle, wenn es darum geht, eine WordPress-Website responsiv zu machen. Dank CSS können wir dafür sorgen, dass sich das Layout in Abhängigkeit von der Bildschirmgröße verändert; damit können Sie den Nutzern ein besseres, jeweils an das Gerät angepasstes Erleben bescheren. Aber das wissen Sie ja schon – warum reden wir noch einmal darüber?

Also: Eine Sache, die WordPress so mächtig macht, ist, dass es für jedes erstellte Element Klassen und IDs erzeugt. Diese können Sie einsetzen, um alle Elemente Ihrer Website genau zu kontrollieren. In Abschnitt 3.3 werden wir uns eine vollständige Liste dieser Klassen sowie die für sie empfohlenen Formatierungen ansehen.

3.1.2 RESS

RESS ist ein paar Jahre nach RWD aufgekommen. Der Schwerpunkt liegt dabei weniger im Browser, sondern mehr im Backend. RESS erlaubt Entwicklern, eine serverseitige Überprüfung durchzuführen und je nach Ergebnis bestimmte Inhalte ausliefern zu lassen. Wenn Sie beispielsweise zwei verschiedene Navigationen haben – eine für den Desktop und die andere für mobile Geräte – so können Sie RESS einsetzen, um das anfordernde Gerät zu erkennen und die passende Navigation auszuliefern.

Wie RESS funktioniert

Das Grundprinzip von RESS ist Folgendes: Man lädt ein Wireless Universal Resource File (WURFL) auf den Server und erhält dadurch Zugriff auf Funktionen zur Geräte-/Feature-Erkennung. Diese Funktionen werden immer mit einer ständig aktualisierten Datenbank abgeglichen, sodass die neuesten Geräte berücksichtigt werden.

Da es nicht viele gute freie WURFL im Web gibt, werden wir Scientia Mobile (http://rwdwp.com/20) nutzen, was viele für die beste Quelle für Geräte halten. Für die Nutzung von Scientia Mobile gibt es mehrere kostenpflichtige Varianten, aber Sie können sich auch für eine eingeschränkte kostenlose Nutzung registrieren. Unter http://rwdwp.com/21 finden Sie eine gute Anleitung.

> **Hinweis**
>
> Bei der kostenlosen beschränkten Nutzungsvariante von Scientia Mobile können Sie 5.000 Geräteüberprüfungen pro Monat durchführen und außerdem aus einer kleineren Anzahl von zu überprüfenden Features auswählen.

Um die Geräteüberprüfung zum Laufen zu bringen, sind folgende Schritte notwendig:

1. Melden Sie sich bei Scientia Mobile an und bestätigen Sie Ihren Account.
2. Wenn Ihr Account bestätigt ist, werden Sie aufgefordert, sich einen API-Schlüssel erstellen zu lassen. Erzeugen Sie diesen und laden Sie danach die PHP-Bibliothek herunter. Ich habe mich für die Eigenschaft `is_wireless_device` entschieden, daneben stehen eine Reihe von weiteren zur Verfügung, manche gibt es allerdings nur bei den kostenpflichtigen Accounts.
3. Übertragen Sie dann die PHP-Bibliothek auf Ihren Webserver in einen Ordner namens */wurfl/*.
4. Öffnen Sie */wurfl/examples/MyWURFL.php* und setzen Sie die Variable `$api_key` auf Ihren API-Schlüssel.
5. Rufen Sie dann die Adresse */wurfl/examples/example.php* auf Ihrem Webserver auf. Sie sollten eine Meldung sehen, die anzeigt, welches Gerät Sie gerade nutzen.

Wenn Sie auf diese Art sichergestellt haben, dass die WURFL-Bibliothek funktioniert, können Sie sie in Ihre WordPress-Installation integrieren. Ich habe ein Plugin erstellt, das Sie bei GitHub (http://rwdwp.com/22) herunterladen können. Da das Ganze aber in vielen Punkten vom Theme abhängt, können Sie die RESS-Unterstützung auch direkt in Ihr Theme integrieren. Kopieren Sie sich den */wurfl/*-Ordner, den Sie vorher erstellt hatten, in Ihren Theme-Ordner. Den Unterordner */examples/* können Sie löschen, Sie brauchen ihn nicht mehr.

Ergänzen Sie in *functions.php* folgende Zeilen:

```
//RESS-Magie

require_once 'wurfl/Client/Client.php';
function mf_is_mobile_device(){
  $config = new WurflCloud_Client_Config();
  $config->api_key = 'IHR:API-SCHLÜSSEL';
  $client = new WurflCloud_Client_Client($config);
  $client->detectDevice();
  return $client->getDeviceCapability('is_wireless_device');
}
```

Das erstellt eine einfache Funktion, die erkennt, ob es sich beim aufrufenden Gerät um ein mobiles handelt, und `true` zurückliefert, wenn es ein Smartphone, PDA oder Tablet ist.

WordPress selbst eignet sich dank seiner Template-Struktur sehr gut für diese Art, den Gerätetyp zu ermitteln und darauf basierend die Anzeige anzupassen. Sie können in Ihrem Theme unterschiedliche Template-Dateien erstellen, die in Abhängigkeit der RESS-Ergebnisse aufgerufen werden. So könnten Sie beispielsweise die in Tab. 3-1 gezeigte Zuordnung verwenden.

Desktop/volle Breite	mobile Variante
sidebar.php	sidebar-mobile.php
menu.php	menu-mobile.php
comments.php	comments-mobile.php

Tab. 3-1

Dank RESS und der WordPress-Template-Tags (wie `get_sidebar()`) wird es wesentlich einfacher, sehr saubere, effiziente und responsive Themes zu entwickeln.

3.1.3 wp_is_mobile()

WordPress hat eine integrierte Funktion namens `wp_is_mobile()`, die zur Ermittlung von mobilen Geräten verwendet werden kann. Diese liefert einfach `true` zurück, wenn der Besucher ein mobiles Gerät nutzt, und `false`, wenn nicht. Damit funktioniert sie wie die anderen booleschen WordPress-Funktionen. Sie könnte eine gute Alternative sein, wenn Sie nicht für einen Account zahlen wollen, oder Sie können sie als Fallback nutzen, wenn Sie Ihr Kontingent an Geräteüberprüfungen aufgebraucht haben. Anstatt für das Laden von Skripten auf WURFL zurückzugreifen, können Sie diese Funktion nutzen. Allerdings unterscheidet sich diese Funktion ganz wesentlich von der vorher vorgestellten RESS-Methode.

Im Code der Funktion finden Sie Folgendes:

```
function wp_is_mobile() {
  static $is_mobile;

  if ( isset($is_mobile) )
    return $is_mobile;

  if ( empty($_SERVER['HTTP_USER_AGENT']) ) {
    $is_mobile = false;
  } elseif ( strpos($_SERVER['HTTP_USER_AGENT'], 'Mobile') !== false // viele
        mobile Geräte (alle iPhones, iPads etc.)
    || strpos($_SERVER['HTTP_USER_AGENT'], 'Android') !== false
    || strpos($_SERVER['HTTP_USER_AGENT'], 'Silk/') !== false
    || strpos($_SERVER['HTTP_USER_AGENT'], 'Kindle') !== false
    || strpos($_SERVER['HTTP_USER_AGENT'], 'BlackBerry') !== false
    || strpos($_SERVER['HTTP_USER_AGENT'], 'Opera Mini') !== false
    || strpos($_SERVER['HTTP_USER_AGENT'], 'Opera Mobi') !== false ) {
      $is_mobile = true;
  } else {
    $is_mobile = false;
```

```
    }

    return $is_mobile;
  }
```

Das ist alles. Die Funktion sieht sich den User-Agent an – das heißt, den String, der den Browser, das Betriebssystem und mehr identifiziert –, und sucht nach einem bestimmten mobilen Browser oder einem bestimmten mobilen Betriebssystem. Das ist wesentlich primitiver, als die WURFL-Datenbank/APIs zu nutzen; es verrät uns nur, ob einer dieser speziellen mobilen Browser genutzt wird. Trotzdem können Sie diese Funktion verwenden, wenn die WURFL-Datenbank/APIs nicht verfügbar sind. Als Fallbacklösung verwendet, sieht die mobile Überprüfungsfunktion von eben folgendermaßen aus:

```
function mf_is_mobile_device(){
  try{
    $config = new WurflCloud_Client_Config();
    $config->api_key = 'IHR:APISCHLÜSSEL';
    $client = new WurflCloud_Client_Client($config);
    $client->detectDevice();

    return $client->getDeviceCapability('is_wireless_device');
  }catch (Exception $e){
    return wp_is_mobile();
  }
}
```

Die WURFL-API löst eine Exception aus, die als PHP-Fehler erscheint. Diese Fehler können wir durch einen `try/catch`-Block vor dem Besucher verbergen und stattdessen die `wp_is_mobile()`-Funktion nutzen, die eine gute Fallbacklösung darstellt, falls die WURFL-API nicht mehr funktioniert. Wir müssen noch eine weitere Zeile unterhalb der Funktion ergänzen und zwar die Ausführung der Funktion. Wenn Sie versuchen, die Funktion `mf_is_mobile_device()` in einem Template aufzurufen, wird das zu einem Fehler führen. Denn die WURFL-API erzeugt einen Header und Cookies, was nicht mehr funktioniert, nachdem die Ausgabe an den Browser über PHP stattgefunden hat.

```
define( 'ISMOBILE', mf_is_mobile_device());
```

Diese Konstante `ISMOBILE` werden wir im Rest der Template-Datei nutzen.

Unabhängig davon, welche Methode wir wählen: Wenn wir RESS nutzen, können wir sicherstellen, dass bestimmte Komponenten nur bei Bedarf geladen werden. Das sollte die Performance einer Website erheblich verbessern, weil die Größe und Menge des unnötig geladenen Codes reduziert wird. Das ist besonders praktisch in Kombination mit der als Nächstes vorgestellten Technik.

3.1.4 JavaScript

Vielleicht erscheint es wie ein Widerspruch, dass JavaScript überhaupt erwähnt wird, wo es doch in Kapitel 1 hieß, Sie sollten alle unnötigen Skripte entfernen, insbesondere

JavaScript-Dateien, die die Website zusätzlich aufblähen. Diese Empfehlung sollten Sie jedoch nicht missverstehen. Denn sie bedeutet keineswegs, dass JavaScript per se schlecht für mobile Geräte ist. Eher im Gegenteil: Es gibt viele fähige Leute, die wunderbare JavaScript-Tools entwickeln, um RWD einfacher und besser zu machen. Einige dieser Skripte sind:

- **picturefill.js**: Ein JavaScript-Polyfill, das das `<picture>`-Element zu Websites hinzufügt. Dieses Element erlaubt es Webentwicklern, verschiedene Bildquellen samt einer Mindestbildschirmgröße anzugeben. Die Datei ist 1.855 Kilobyte groß und kann dem Nutzer Megabyte von Daten ersparen. Sie finden dieses Skript unter http://rwdwp.com/23.
- **respond.js**: Standardmäßig unterstützt der IE8 und kleiner keine Media Queries mit `min-width`, was den Mobile-First-Ansatz erschwert. respond.js ist ein Polyfill, das die Unterstützung für Media Queries nachbessert. Zu finden unter: http://rwdwp.com/24.
- **fitvid.js** ist ein einfaches jQuery-Plugin für responsive Videos (http://rwdwp.com/25).
- **Responsive Nav**: Ein einfaches JavaScript, das ein unkompliziertes Umschalten der Navigation zwischen Dektop- und mobiler Version ermöglicht. Das zugrundeliegende Prinzip wird später im Buch behandelt. Sie finden es unter: http://rwdwp.com/26.

Hinweis

Ein Polyfill ist einfach etwas, das den Browser um eine Funktionalität ergänzt, die er nicht nativ hat. Sie können Polyfills in verschiedenen Programmiersprachen erstellen, wir schauen uns hier aber nur JavaScript-Polyfills an.

Die aufgeführten sind kleine Skripte, die außerdem noch komprimiert werden können und dem Besucher der Website mehr Nutzen bringen als Ärger. Das ist auch ein Punkt, den Sie berücksichtigen sollten, wenn Sie abwägen, ob Sie JavaScript (oder andere Plugins) einsetzen sollen. Die wichtigste Frage, die Sie sich selbst stellen sollten, ist immer »Brauche ich das wirklich?« Verbessern Sie damit wirklich die *User Experience* oder ist es eher ein cooles, nettes, aber nicht existenzielles Feature? Ist es etwas, wofür Sie RESS nutzen können, um es nur an Desktop-Browser ausliefern zu lassen?

Sie sollten sich auch überlegen, ob Sie die Funktionalität mit HTML und CSS anstatt von JavaScript oder einer anderen Skriptsprache umsetzen können. Im Allgemeinen wird HTML- und CSS-Code schneller gerendert als JavaScript und der Browser muss keine zusätzlichen HTTP-Requests durchführen.

Außerdem sollten Sie die Größe der Datei ansehen. Wenn die Funktion viel Gutes und Nützliches tut, aber die Datei 1 MByte groß ist, dann ist das auf jeden Fall zu groß. Sie können auch versuchen, eine Datei über Tools wie etwa JS Compress (http://rwdwp.com/27) zu minimieren. Dieses Werkzeug entfernt alle Leerzeichen, Leerzeilen sowie Kommentare und kann die Größe der Datei stark reduzieren.

Im weiteren Verlauf des Buches werden wir alle drei Techniken bei unseren WordPress-Theme anwenden und beginnen mit dem responsiven Layout.

3.2 Das responsive Layout hinzufügen

Da der Schwerpunkt des Buches weniger auf konkreten Tutorials und mehr auf der Vorstellung von Techniken und Theorien liegt, behandeln wir nicht den vollständigen Prozess der WordPress-Theme-Erstellung. In Kapitel 2 haben wir uns ausführlich mit den verschiedenen Teilen eines Themes und ihrer Aufgabe beschäftigt. Jetzt sehen wir uns an, wie man ein allgemeines Template zu einem leeren WordPress-Theme ergänzt. Das fertige Theme finden Sie bei GitHub unter http://rwdwp.com/28.

> **Tipp**
>
> Ich verwende gerne ein Boilerplate-Theme, das ich selbst zusammengestellt habe. Es steht bei GitHub unter http://rwdwp.com/29 zum Download.

Das HTML-Template für das Beispielprojekt »Millennium Flüge« ist an derselben Stelle zu finden wie auch das fertige Theme – in einem Ordner namens */html/*. Um die einzelnen Schritte nachzuvollziehen, sollten Sie diesen Ordner herunterladen. Wenn Sie einen neuen Unterordner im */wp-content/themes/*-Verzeichnis erstellt haben, sollten Sie dann als Erstes den folgenden CSS-Code in der Datei *style.css* ergänzen:

```
/*
Theme Name: Millennium Flüge
Theme URI: http://www.millenniumflights.com
Description: Ein angepasstes Theme für Millennium Flüge, Inc.
Version: 1.0
Author: Joe Casabona
Author URI: http://www.casabona.org
Tags: blue, white, two-column, flexible-width
*/

/**Normalize.css**/
article,aside,details,figcaption,figure,footer,header,hgroup,nav,section{dis-
play:block}audio,canvas,video{display:inline-block;*display:inline;*zoom:1}
audio:not([controls]){display:none}[hidden]{display:none}html{font-size:100%;-
overflow-y:scroll;-webkit-text-size-adjust:100%;-ms-text-size-adjust:100%}body{-
margin:0}body,button,input,select,textarea{font-family:sans-serif}a{color:#00e}
a:visited{color:#551a8b}a:focus{outline:thin dotted}a:hover,a:active{outline:0}
abbr[title]{border-bottom:1px dotted}b,strong{font-weight:bold}blockquote{mar-
gin:1em 40px}dfn{font-style:italic}mark{background:#ff0;color:#000}pre,code,-
kbd,samp{font-family:monospace,serif;_font-family:'courier new',monospace;-
font-size:1em}pre{white-space:pre;white-space:pre-wrap;word-wrap:break-word}
```

```
q{quotes:none}q:before,q:after{content:'';content:none}small{font-size:75%}
sub,sup{font-size:75%;line-height:0;position:relative;vertical-align:baseline}
sup{top:-0.5em}sub{bottom:-0.25em}ul,ol{margin:1em 0;padding:0 0 0 40px}dd-
{margin:0 0 0 40px}nav ul,nav ol{list-style:none;list-style-image:none}img{bor-
der:0;-ms-interpolation-mode:bicubic}svg:not(:root){overflow:hidden}figure{mar-
gin:0}form{margin:0}fieldset{border:1px solid #c0c0c0;margin:0 2px;padding:.35em
.625em .75em}legend{border:0;*margin-left:-7px}button,input,select,textarea-
{font-size:100%;margin:0;vertical-align:baseline;*vertical-align:middle}but-
ton,input{line-height:normal}button,input[type="button"],input[type="reset"],in-
put[type="submit"]{cursor:pointer;-webkit-appearance:button;*overflow:visible}
input[type="checkbox"],input[type="radio"]{box-sizing:border-box;padding:0}
input[type="search"]{-webkit-appearance:textfield;-moz-box-sizing:content-box;-web-
kit-box-sizing:content-box;box-sizing:content-box}input[type="search"]::-web-
kit-search-decoration{-webkit-appearance:none}button::-moz-focus-inner,in-
put::-moz-focus-inner{border:0;padding:0}textarea{overflow:auto;vertical-align:top}
table{border-collapse:collapse;border-spacing:0}

/** Das Entscheidende **/

body{
  background: #313C66;
  font-family: "Open Sans Condensed", Helvetica, sans-serif;
  font-size: 62.5%;
  text-align: center;
  color: #FFFFFF;
  }

a, a:visited{
  color: #FFEB73;
  text-decoration: none;
  }
...
```

Hier sehen Sie einen Ausschnitt aus dem CSS-Code, der mit der Theme-Definition beginnt, die Sie bereits in Kapitel 2 kennengelernt haben. Danach folgt eine minifizierte *Normalize.css*, eine Form eines CSS-Resets.

> **Hinweis**
>
> Webentwickler setzen häufig auf CSS-Resets, um eine einheitliche Ausgangsbasis zu schaffen, was die CSS-Darstellung in allen Browsern anbelangt. CSS-Resets entfernen Standard-Innen- und Außenabstände und andere Formatierungen, die von den Browsern durchgeführt werden.

Nach diesem Reset sehen Sie den Anfang des angepassten CSS-Codes für das Millennium-Flüge-Theme. Nicht abgedruckt ist der restliche CSS-Code, den Sie aber im GitHub-Repositorium finden. Das ist alles, was Sie für den Moment brauchen. Im nächsten Abschnitt ergänzen Sie Formatierungen für die WordPress-CSS-Klassen.

Auf dieselbe Art erstellen wir Kopfbereich, Fußbereich und die zugehörigen Template-Dateien. Was Sie im Wesentlichen dafür tun müssen, ist, die statischen Platzhalterinformationen durch WordPress-Template-Tags zu ersetzen, um dynamische Dateien zu erhalten. Sehen wir uns das anhand der Datei *header.php* einmal an. Im HTML-Template sieht der Kopfbereich folgendermaßen aus:

```
<!DOCTYPE html>
<html lang="de-DE">
<head>
  <meta charset="utf-8" />
  <title>Millennium Flüge</title>
  <link rel="stylesheet" href="css/style.css" />
  <link href="http://fonts.googleapis.com/css?family=Open+Sans+Condensed:300"
       rel="stylesheet" type="text/css">
  <meta name="viewport" content="width=device-width, initial-scale=1.0" />

<!--[if lt IE 9]>
<script src="http://html5shim.googlecode.com/svn/trunk/html5.js"></script>
<script src="js/respond.min.js"></script>
<![endif]-->
</head>
<body>
    <div id="wrapper">
      <header class="group">
        <h1><img src="images/logo.png" alt="Millennium Flüge" /> Millennium
             Flüge</h1>
        <nav id="main">
          <ul>
            <li><a href="#">Start</a></li>
            <li><a href="#">Über uns</a></li>
            <li><a href="#">Ziele</a></li>
            <li><a href="#">Kontakt</a></li>
          </ul>

        </nav>
      </header>

      <div id="content" class="group">
```

Im Beispiel gibt es einige Bereiche, die ersetzt werden müssen, dazu gehören der Titel, der Verweis auf das Stylesheet und das Menü. Zwei Komponenten brauchen allerdings besondere Aufmerksamkeit: die Einbindung der JavaScript-Dateien und die Google WebFonts. Diese sollten nicht direkt im `head`-Bereich verlinkt, sondern über die `wp_enqueue`-Funktionen geladen werden. Das erledigen wir in *functions.php*.

In der Datei *functions.php* bei GitHub finden Sie zwei Konstanten, die für die Template-Pfade definiert wurden:

```
define( 'TEMPPATH', get_bloginfo('stylesheet_directory'));
define( 'IMAGES', TEMPPATH. "/images");
```

Beide Konstanten brauchen wir hier in diesem Bereich. In *functions.php* müssen Sie den folgenden Code ergänzen, der sich darum kümmert, dass die Skripte und das Google-Webfonts-Stylesheet in der richtigen Reihenfolge geladen werden:

```
function mf_scripts() {
  wp_enqueue_style( 'googlewebfonts', 'http://fonts.googleapis.com/css?-
      family=Open+Sans+Condensed:300' );
  echo '<!--[if lt IE 9]>';
  echo '<script src="http://html5shim.googlecode.com/svn/trunk/html5.js"></script>';
  echo '<script src="'. TEMPPATH .'/js/respond.min.js"></script>';
  echo '![endif]-->';

}
```

Das ist die Funktion, die die Stylesheets und Skripte ergänzt. Das Laden der Dateien sieht allerdings nicht einheitlich aus: Das liegt daran, dass es keine Möglichkeit gibt, `wp_enqueue_script()` gemeinsam mit Conditional Comments zu verwenden, deswegen müssen Sie die Skripte händisch ausgeben. Conditional Comments sind erforderlich, weil die Skripte nur für den IE8 und kleiner benötigt werden.

Wenn diese Funktion definiert und die statische HTML-Datei mit Template-Tags ergänzt ist, sollte Ihre neue *header.php*-Datei folgendermaßen aussehen.

```
<!DOCTYPE html>
<html lang="de-DE">
<head>
<meta charset="utf-8" />
<title><?php bloginfo('name'); ?> | <?php wp_title(); ?> </title>
<link rel="stylesheet" href="<?php bloginfo('stylesheet_url'); ?>" type="text/css"
     media="screen" />
<link rel="pingback" href="<?php bloginfo('pingback_url'); ?>" />

<?php wp_head(); ?>

</head>
<body>
  <div id="wrapper">
    <header class="group">
      <h1><img src="<?php print IMAGES;?>/logo.png" alt="<?php bloginfo('name'); ?>" />
           <?php bloginfo('name'); ?></h1>
      <nav id="main">
        <?php wp_nav_menu( array('menu' => 'Main' )); ?>
      </nav>
    </header>

    <div id="content" class="group">
```

Und das war's auch schon! Im weiteren Verlauf des Buches werden wir uns mit ausgewählten Bereichen des Themes befassen und damit, wie man sie gut und responsiv gestaltet – dabei setzen wir auf eine Kombination der Techniken, mit denen wir uns bereits beschäftigt haben. Beginnen wir damit, dass wir uns die Standard-CSS-Klassen von WordPress ansehen.

3.3 Die Standard-CSS-Klassen von WordPress

Um Themes so flexibel wie nur möglich zu machen, ergänzt WordPress beim Erzeugen des Markups eine Reihe von CSS-Klassen, die von den Webentwicklern gestaltet werden können. Einige Klassen können auf der Theme-Ebene entfernt werden; das sind diejenigen Klassen, die über Funktionen wie `body_class()` und `post_class()` ergänzt werden. Andere Klassen allerdings werden automatisch vom WordPress-Editor erzeugt und können nicht gelöscht werden (zumindest nicht auf den empfohlenen Standardwegen). Es sind die folgenden Klassen: `.entry-content img`, `.alignleft`, `img.alignleft`, `.alignright`, `img.alignright`, `.aligncenter`, `img.aligncenter`, `.alignnone`, `img.alignnone`, `.wp-caption`, `.wp-caption img`, `.wp-caption`, `p.wp-caption-text`, `.wp-smiley`, `.gallery dl`, `.gallery dt`, `.gallery dd`, `.gallery dl a`, `.gallery dl img`, `.gallery-caption`, `.size-full`, `.size-large`, `.size-medium`, `.size-thumbnail`.

Die Namen der meisten Klassen sind selbsterklärend, `.alignleft` und `.alignright` sind Klassen, um Bilder links oder rechts anzuordnen. Die Standardformatierungen für diese sollten etwa wie folgt aussehen:

```
.alignleft, img.alignleft {
  display: inline;
  float: left;
  text-align: left;
  margin: 0 1% 0 0;
  }
.alignright, img.alignright {
  display: inline;
  float: right;
  text-align: right;
  margin: 0 0 0 1%;
  }
```

Das stellt sicher, dass Elemente, denen diese Klassen hinzugefügt werden, so dargestellt werden, wie es WordPress-Benutzer erwarten.

Dann gibt es aber auch Klassen wie `.wp-caption`, die uns ein bisschen mehr Freiheit bei ihrer Formatierung lassen. Hier sehen Sie eine Liste von Standard-Styles, die beim Millennium-Flüge-Theme verwendet werden (die vor den Media Queries stehen):

```
.wp-caption, .alignleft, img.alignleft, .alignright, img.alignright, .aligncen-
ter,div.aligncenter {
  display: block;
  margin-left: auto;
  margin-right: auto;
  }

.wp-caption, .aligncenter{
  border: 1px solid #ddd;
  text-align: center;
  background-color: #f3f3f3;
  padding: 0.4em;
}
```

```
.wp-caption img {
  margin: 0;
  padding: 0;
  border: 0 none;
  }

.wp-caption p.wp-caption-text {
  font-size: 0.85em;
  line-height: 1.1em;
  padding: 0 0.4em 0.4em;
  margin: 0;
  color: #333333;
  }
```

Das sind ganz einfache Formatierungen, um Bilder und Beschriftungen etwas zu gestalten. Alles wird mehr oder weniger als zentrierter Block formatiert. Erst wenn mehr Platz für das Layout zur Verfügung steht, werden die Bilder/Klassen wirklich rechts oder links angeordnet.

```
@media screen and (min-width: 34.188em){

  .aligncenter, div.aligncenter {
    display: block;
    margin-left: auto;
    margin-right: auto;
    }

  .alignleft, img.alignleft{
    float: left;
    max-width: 40%;
    text-align: left;
    margin: 0 1% 0 0;
  }

  .alignright, img.alignright{
    float: right;
    max-width: 40%;
    text-align: right;
    margin-left: 0 0 0 1%;
    }

  .wp-caption, img.alignleft, img.alignright, .aligncenter{
    border: 1px solid #ddd;
    text-align: center;
    background-color: #f3f3f3;
    padding-top: 4px;
    }

  .wp-caption img {
    margin: 0;
    padding: 0;
    border: 0 none;
    }
```

```
    .wp-caption p.wp-caption-text {
      font-size: 0.85em;
      line-height: 1.1em;
      padding: 0 0.4em 0.4em;
      margin: 0;
      }
}
```

Wenn das Layout breiter wird, dann ist es sinnvoll, die Klassen `.alignleft` und `.alignright` zu floaten. Vielleicht haben Sie auch bemerkt, dass die Breite der Bilder auf 40% beschränkt ist. Das basiert auf folgender Annahme: Wenn der Benutzer ein Bild rechts oder links anordnet, soll das Bild nicht den gesamten Inhaltsbereich ausfüllen. Wenn wir es auf eine Breite von 40% beschränken, stellen wir sicher, dass es nicht zu breit wird. Sie wollen ja nicht, dass ein Blockbereich hauptsächlich ein Bild beinhaltet mit lediglich ein paar Textbruchstücken – wie etwa in Abb. 3-1.

Abb. 3-1 *Das soll nicht passieren: Das Bild lässt nur etwas Platz für ein paar Textbruchstücke.*

Das können Sie weiter verfeinern und die Breiten detaillierter angeben, beispielsweise könnten Sie die Bilder in ihrer gesamten Größe anzeigen lassen, wenn der Bildschirm groß genug ist.

Die anderen vorher genannten CSS-Klassen, wie etwa für die Galerie oder spezielle Bildgrößen, brauchen nicht unbedingt Standardformatierungen, weil die gerade gezeigten sie ebenfalls behandeln – zumindest teilweise. In Kapitel 7 stehen wir uns an, wie man die Standard-Galerie von WordPress responsiv macht.

3.3.1 Kommentare und Widgets

Zusätzlich zu den Klassen, die durch den WordPress-Editor hinzugefügt werden, erzeugt WordPress auch automatisch Klassen für Kommentare und Widgets. Wir werden uns diese genauer in Kapitel 4 ansehen, aber als Referenz finden Sie hier ein Bild, das einen WordPress-Kommentar mit einem Teil der Standardklassen zeigt (Abb. 3-2).

Abb. 3-2 *Es gibt einige automatisch erzeugte Klassen für Kommentare, über die Sie das Aussehen fast aller Elemente steuern können.*

Wie Sie sehen, gibt es viele Klassen für Kommentare, und das hier ist nicht einmal die vollständige Liste. Hier sind alle Styles, damit Sie merken, wie viel Kontrolle Sie haben:

```
.commentlist .reply {}
.commentlist .reply a {}
.commentlist .alt {}
.commentlist .odd {}
.commentlist .even {}
.commentlist .thread-alt {}
.commentlist .thread-odd {}
.commentlist .thread-even {}
.commentlist li ul.children .alt {}
.commentlist li ul.children .odd {}
.commentlist li ul.children .even {}
.commentlist .vcard {}
.commentlist .vcard cite.fn {}
.commentlist .vcard span.says {}
.commentlist .vcard img.photo {}
.commentlist .vcard img.avatar {}
.commentlist .vcard cite.fn a.url {}
.commentlist .comment-meta {}
.commentlist .comment-meta a {}
.commentlist .commentmetadata {}
.commentlist .commentmetadata a {}
```

```
.commentlist .parent {}
.commentlist .comment {}
.commentlist .children {}
.commentlist .pingback {}
.commentlist .bypostauthor {}
.commentlist .comment-author {}
.commentlist .comment-author-admin {}
.commentlist {}
.commentlist li {}
.commentlist li p {}
.commentlist li ul {}
.commentlist li ul.children li {}
.commentlist li ul.children li.alt {}
.commentlist li ul.children li.byuser {}
.commentlist li ul.children li.comment {}
.commentlist li ul.children li.depth-{id} {}
.commentlist li ul.children li.bypostauthor {}
.commentlist li ul.children li.comment-author-admin {}
#cancel-comment-reply {}
#cancel-comment-reply a {}
```

Meistens werden Sie nicht alle Angaben nutzen; Kapitel 4 zeigt, was Sie hier alles machen können.

WordPress beinhaltet eine Reihe von immer zur Verfügung stehenden Widgets, die ebenfalls ihre eigenen Styles haben. Bei einer nackten WordPress-Installation gibt es die in Abb. 3-3 gezeigten Widgets.

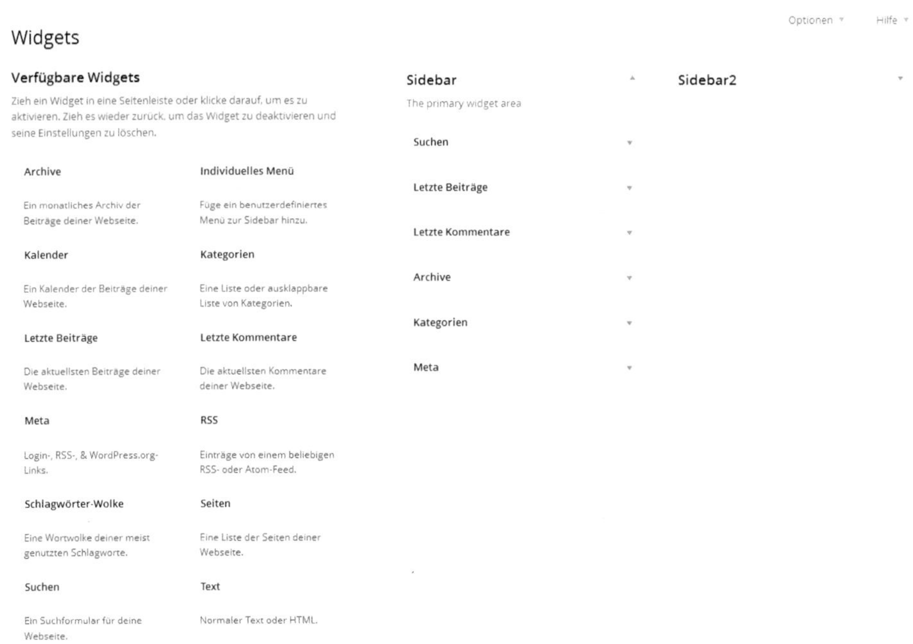

Abb. 3-3 *Eine Liste der Standardwidgets in WordPress*

Zu allen Widgets existieren passende Klassen, die das Blog *Digging into WordPress* unter http://rwdwp.com/30 schön auflistet.

Tipp

Digging into WordPress hat eine ausführliche Liste aller Defaultstyles unter http://rwdwp.com/31.

Es ließe sich wahrscheinlich ein ganzes Kapitel mit dem Thema responsive WordPress-Widgets füllen, wenn wir jedes einzeln ansähen. Allerdings können wir uns viel Code sparen, wenn wir Widget-Container, die richtigen Selektoren und allgemeine CSS-Angaben nutzen. In der Datei *functions.php* des Millennium-Flüge-Theme wird eine Sidebar registriert, die die folgenden Informationen für den Container beinhaltet.

```
register_sidebar( array (
  'name' => __( 'Sidebar', 'main-sidebar' ),
  'id' => 'primary-widget-area',
  'description' => __( 'The primary widget area', 'mf' ),
  'before_widget' => '<div class="widget">',
  'after_widget' => '</div>',
  'before_title' => '<h3 class="widget-title">',
  'after_title' => '</h3>'
) );
```

Der beste Umgang mit dem CSS-Code für die Widgets besteht in der Formatierung des `.widget`-Containers, damit wenden Sie dieselben Formatierungen für alle Widgets in der Sidebar an. Wenn Sie sich bei Ihrem Theme für besondere Styles bei einem bestimmten Widget entscheiden, können Sie die oben angeführte Anleitung oder Ihre Lieblingsbrowsererweiterung verwenden, um festzustellen, welche Styles geändert werden müssen. Ein Tipp: Achten Sie auf die Darstellung der Formulare in der Sidebar. Beispielsweise wäre es sinnvoll, sicherzustellen, dass das Suche-Widget nicht zu breit wird, indem Sie von vornherein folgenden CSS-Code ergänzen:

```
.searchform {
  max-width: 98%;
  }
input.search {
  max-width: 98%;
  }
```

Das Formular für die Suche selbst können Sie übrigens ändern, indem Sie das *searchform.php*-Template bearbeiten.

Das Kalender-Widget

Das Kalender-Widget, das Ihre Beiträge in einem Kalender anzeigt, verwendet zur Darstellung eine Tabelle. Diese spezielle Tabelle ist so klein, dass es keine Probleme beim Layout geben sollte. Eine mögliche Verbesserung könnte sein, die Felder mit den einzelnen Zahlen zu vergrößern, damit mobilen Nutzern das Anklicken leichter fällt.

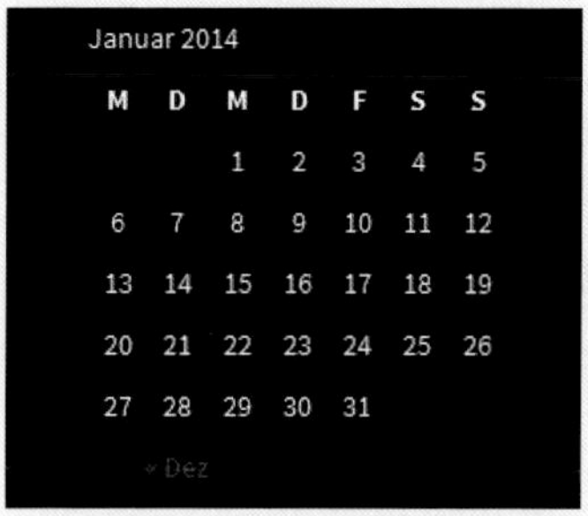

Abb. 3-4 *Das WordPress-Kalender-Widget zeigt eine Auflistung Ihrer Beiträge nach Datum.*

Wir werden uns in Kapitel 4 weiter mit der Gestaltung responsiver Widgets beschäftigen.

3.3.2 Vermischte Styles

Wir haben uns schon viele Klassen angesehen, aber es gibt noch wesentlich mehr. WordPress liefert spezielle Klassen für so gut wie jedes Element, das erzeugt wird. Dazu gehören der body-Text, Beitragsbereiche, Klassen für Kategorien und Taxonomien usw. Glücklicherweise müssen Sie nicht Standard-Styles für alle Klassen definieren, und Sie können sich entscheiden, einige von diesen bei der Erstellung Ihres Themes zu entfernen.

Sie können allerdings auf mehrere Arten von den Klassen profitieren. Wenn Sie die Funktionen body_class() und post_class() verwenden, können Sie Styles zu besonderen Seiten oder sogar Beiträgen hinzufügen, da Klassen wie .<page-name> oder .post-<id> erzeugt werden. Vielleicht haben Sie einen besonderen Beitrag oder ein besonderes Tutorial, die lieber mit einer eigenen CSS-Gestaltung versehen werden sollen? Durch Verwendung der erzeugten Klassen, von Media Queries und bei Bedarf auch RESS können Sie richtig angepasste Beitragslayouts erstellen.

Wenn Sie sich Sorgen darüber machen, dass zu viel unnötiges Markup erzeugt wird, können Sie immer noch die Template-Tags entfernen und diese durch Ihre eigene selbstentwickelte Klassenstruktur ersetzen, beispielsweise so:

```
<body class="<?php print 'page-'.get_the_ID(); ?>">
<div class="post <?php print 'post-'.get_the_ID(); ?>">
```

Seien Sie damit jedoch vorsichtig. Wenn Sie das tun, kann das zu viel unnötigem Stress führen (Kopfschmerzen, Leiden, die unangenehmen Dinge, Sie wissen schon). Diese Vorgehensweise sollten nur Entwickler von Seiten mit hohem Traffic wählen, bei denen alles optimiert werden muss.

Hinweis

Manche Entwickler machen sich Gedanken darüber, dass ergänzte Klassen, die nicht gebraucht werden, unnötiges zusätzliches Markup erzeugen. Meiner Meinung nach fällt die Menge des Extra-Markups nicht ins Gewicht.

3.4 Zusammenfassung

Wenn wir in den folgenden Kapiteln die bisher besprochenen Techniken und Theorien anwenden, spielen Media Queries, RESS und JavaScript eine entscheidende Rolle. Dank Media Queries kann sich unser Layout an den Bildschirm des Benutzers anpassen. RESS erlaubt die bedingte Einbindung von Bereichen unseres Templates in Abhängigkeit vom Gerät des Besuchers. Und JavaScript liefert Tools für Fallbacklösungen, Polyfills und erlaubt, den HTML-Code direkt on-the-fly zu verändern.

Die ersten Schritte, um eine responsive Vorlage in WordPress einzubringen, sind einfach und intuitiv: Sie müssen nur den CSS- und HTML-Code kopieren und die statischen Bereiche durch dynamischen Code wie Template-Tags oder den Loop ersetzen. Wenn wir tiefer einsteigen, werden Sie aber auch feststellen, dass die notwendige Vorgehensweise nicht immer ganz so klar ist. In diesem Kapitel haben wir Code ergänzt, um JavaScript und zusätzliche Stylesheets richtig zu behandeln, aber in dieser Richtung sollten wir noch mehr tun. Das wird Thema der nächsten Kapitel sein.

WordPress hat viele Standardklassen, die erzeugt werden, wenn eine Site erstellt wird. Einige – wie etwa `.alignleft`, `.alignright` und `.wp-caption`, werden aus dem Editor heraus erzeugt und sollten immer ihre Default-Formatierungen erhalten. Andere Bereiche, wie etwa Kommentare und Widgets, werden bis zu einem gewissen Grad vom Theme-Designer kontrolliert, sollten jedoch nicht ignoriert werden. In Kapitel 4 beschäftigen wir uns mit verschiedenen Möglichkeiten, diese gut darzustellen und richtig zu laden, sodass sie für den Benutzer keine Last sind.

3.4.1 Fragen

1. Wofür steht RESS und was machen Sie damit?
2. Was ist eine WURFL-Datei bzw. eine WURFL-Datenbank?
3. Welche RESS-ähnliche Funktion ist bereits in WordPress integriert? Inwieweit unterscheidet sie sich von einer WURFL-Datenbank?
4. Welche Frage sollten Sie sich zuallererst stellen, wenn es darum geht zu entscheiden, ob Sie eine JavaScript-Datei einbinden sollen oder nicht?

3.4.2 Antworten

1. RESS steht für Responsive Design + Server Side Components. Es ermöglicht Ihnen serverseitig, den Gerätetyp herauszufinden und abhängig davon bestimmte Template-Elemente einzuschließen (oder auszusparen).
2. WURFL steht für Wireless Universal Resource File. Es wird bei RESS verwendet, um Geräte und ihre Fähigkeiten herauszufinden.
3. Die direkt in WordPress integrierte RESS-ähnliche Funktion heißt `wp_is_mobile()`. Sie unterscheidet sich von einer WURFL-Datenbank darin, dass sie uns nur verrät, welcher spezielle Browser bzw. welches spezielle Betriebssystem verwendet wird. Diese Funktion kann als Fallback genutzt werden, wenn die WURFL-Datei nicht zur Verfügung steht.
4. »Brauche ich das?« Wenn nein, ist es sicher nicht sinnvoll, dass der Nutzer die zusätzlichen Dateien herunterlädt.

4 Ihr responsives Theme – grundlegende Eigenschaften

Bisher haben Sie verschiedene Wege kennengelernt, Ihre Website responsiv zu machen. Jetzt sind Sie soweit, richtig einzusteigen und die verschiedenen Techniken mit den Möglichkeiten von WordPress zu kombinieren.

In Kapitel 3 haben Sie erfahren, wie Sie Ihren responsiven CSS-Code bei einem WordPress-Theme ergänzen. Wir haben außerdem einen detaillierten Blick auf die automatisch von WordPress erstellten Klassen geworfen und ein paar Standard-Formatierungen für die »essenziellen« Klassen definiert. Von hier aus gehen wir weiter und beschäftigen uns mit zwei Arten von Eigenschaften: den grundlegenden und den Blog-Eigenschaften.

In diesem Kapitel geht es um einige grundlegende Funktionen von WordPress, die wichtig für eine gute User Experience sind. Die nächsten Kapitel drehen sich darum, wie Sie verwenden, was WordPress Entwicklern zur Verfügung stellt, und wie Sie diese Tools zur Erstellung besserer responsiver Sites nutzen. In diesem Kapitel beschäftigen wir uns mit drei Komponenten – mit der Navigation, mit Bildern und Widgets.

4.1 Die Navigation im RWD

Techniken für responsive Navigationen werden ausführlichst in Büchern und Blogbeiträgen behandelt. Viele Entwickler haben eigene Lösungen für Navigationen auf responsiven Sites gefunden. Die bekanntesten stellt Brad Frost unter http://rwdwp.com/32 vor.

In diesem Abschnitt sehen wir uns ein paar beliebte Techniken auf ihre Integrierbarkeit in die Millennium-Flüge-Site hin an, um dann zu entscheiden, was die beste Technik ist.

4.1.1 Beliebte Techniken kurz vorgestellt

Wenn Sie den Artikel von Brad Frost gelesen haben, haben Sie gesehen, dass er einen zweiten geschrieben hat und dass er auf viele andere Artikel verlinkt. Anders gesagt: Es gibt eine große Anzahl von Navigations-Mustern, die zur Wahl stehen.

»Verstecken und Heulen«

Frost erwähnt eine Technik, die darin besteht, dass man die Navigation vor dem mobilen Nutzer verbirgt. Er nennt sie »Hide and Cry« (»Verstecken und Heulen«). Diese Technik spiegelt den weit verbreiteten Gedanken wider, dass die Nutzer mobiler Geräte nicht so viele Funktionen brauchen wie die Desktop-Nutzer – und genau das ist falsch. 31% der amerikanischen Erwachsenen nutzen ihre Smartphones als Hauptinternetzugang. Sie bestrafen die mobilen Nutzer gleich doppelt, wenn Sie sie zum Herunterladen von Inhalten zwingen, die sie nie sehen werden. Es mag auf den ersten Blick wie eine praktikable Lösung erscheinen – die Höhe zu beschränken und die Navigation anzupassen – aber es ist keine gute Lösung aus den Gründen, die in Kapitel 1 angeführt wurden. Der Hauptgrund ist, dass Sie so Nutzer zwingen, Teile der Website herunterzuladen, die sie nie zu Gesicht bekommen werden, wodurch die übertragene Datenmenge wächst und die Site wesentlich langsamer lädt.

Wir werden drei verschiedene Möglichkeiten für die Navigation von Millennium Flüge betrachten: Nichts tun (oder Navigation oben), Sprung zum Fußbereich (oder Fußbereichsnavigation) und Auswahlliste ... und eine Bonustechnik, die Sie vielleicht überraschen wird. Außerdem werden wir uns auch die Off-Canvas-Technik ansehen, die ein bisschen fortgeschrittener ist, auch wenn wir sie nicht händisch umsetzen werden.

Nichts tun (Navigation oben)

Diese Variante ist am einfachsten zu realisieren. Sie belassen die Navigation einfach so, wie sie ist, oben auf der Seite; wie diese »Technik« aussieht, zeigt Abb. 4-1.

Abb. 4-1 *Millennium Flüge mit der »Nichts-Tun«-Navigationslösung*

Solange die Formatierungen für die Navigation nicht durch Media Queries beschränkt werden, werden sie sich auf die gesamte Site beziehen, wenn Sie die »Nichts-Tun«-Technik wählen. Es ist einfach, diese Technik anzuwenden, weil Sie keine Änderungen an Ihrem Code vornehmen müssen. Aber diese Variante hat ein paar Nachteile: Glücklicherweise verwendet die Navigation von Millennium Flüge einen großen Schriftgrad, aber stellen Sie sich einmal vor, man würde diesen Ansatz bei einer Website mit kleinerem Text wählen. Dann hätten die Benutzer Schwierigkeiten, die Menüpunkte auf kleineren Bildschirmen auszuwählen (Abb. 4-2).

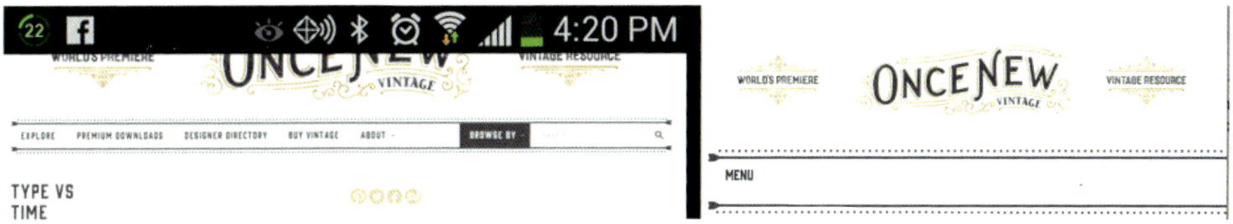

Abb. 4-2 *Links sehen Sie, wie die Navigation auf einem Android-Smartphone dargestellt wird. Rechts sehen Sie die Navigation, wenn man die Größe des Browserfensters verändert. In beiden Fällen ist die Navigation klein und es ist schwierig, einzelne Punkte ohne Zoomen auszuwählen.*

Das andere große Problem mit dieser Technik ist, dass wenn ein Benutzer mehr Navigationspunkte hinzufügt, die Höhe der Seite wächst. Schließlich soll es nicht passieren, dass der Benutzer auf einem Smartphone nur ein Logo und die Navigation sieht.

»Etwas tun«

Ich habe eine kleine Anpassung bei diesem Ansatz, den ich jetzt passenderweise »Etwas tun« genannt habe. Die Idee dabei ist, dass sich von der Funktion her nichts bei der Navigation ändert. Die Navigation ändert weder ihren Ort noch ihre Form. Sie ist immer noch eine ungeordnete Liste oben auf der Seite. Die Navigation bleibt an derselben Stelle und wird in beiden Fällen eine Liste von Navigationspunkten sein, ganz genau gleich bei beiden Layoutvarianten. Aber es gibt kleine Tricks und Anpassungen beim Stylesheet, sodass die Navigation ein bisschen besser für mobile Geräte geeignet ist. Ein Beispiel hierfür sehen Sie auf meiner Website, Casabona.org (Abb. 4-3).

Abb. 4-3 *Die Navigation von Casabona.org beim mobilen und beim Desktop-Layout. Die Position der Navigation ändert sich nicht, aber die einzelnen Navigationspunkte werden bei der mobilen Variante buttonähnlicher, sodass es einfacher für Benutzer ist, sie auszuwählen.*

Es hat sich nicht allzuviel beim gesamten Layout der Webseite geändert, aber Sie sehen, dass jeder Menüpunkt auf kleinen Bildschirmen ein eigenständiger Button ist (im Unterschied zur durchgehenden grauen Leiste auf größeren Bildschirmen) und dass die Schrift auf kleinen Bildschirmen etwas fetter wird.

Diese leicht modifizierte Variante hat aber immer noch mit ein paar Nachteilen des »Nichts-tun«-Ansatzes zu kämpfen, beispielsweise dass viel Platz auf kleinen Bildschirmen benötigt wird.

Hinweis

Es sollte erwähnt werden, dass dieser Abschnitt nicht den einzigen »richtigen« Ansatz zeigen wird; es hängt zu sehr von der jeweiligen Situation ab. Hier werden einfach Möglichkeiten vorgestellt, unter denen Sie wählen können.

Sprung zur Navigation im Fußbereich

Bei dieser Technik wird die Navigation bei kleinerem Bildschirm durch einen einzigen Link ersetzt, über den der Benutzer zur Navigation im Fußbereich springen kann. Auch diese Variante ist – ähnlich wie der »Nichts-tun«-Ansatz – einfach zu realisieren; aber sie ist platzsparender, denn das Menü befindet sich nicht mehr oben auf der Seite, wo es Platz wegnimmt (Abb. 4-4).

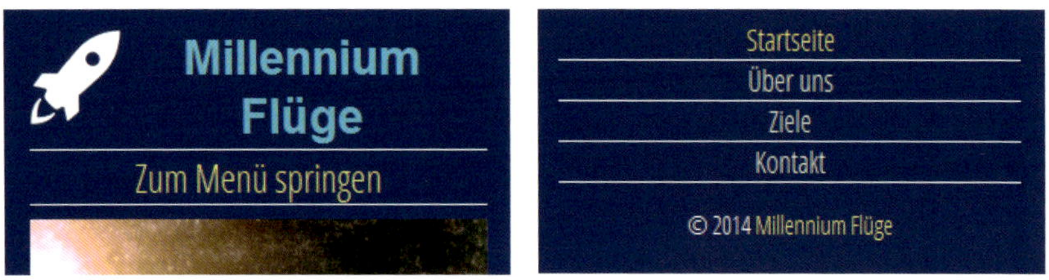

Abb. 4-4 *Sprung zur Navigation im Fußbereich: Die Menüpunkte werden durch einen einzelnen Link ersetzt, der den Benutzer zum Ende der Seite bringt.*

Es gibt eine Reihe von Möglichkeiten, diese Technik umzusetzen. Die einfachste ist, über die CSS-Angabe `display: none` die Navigation auszublenden, wenn sie nicht gebraucht wird. Beispielsweise können der Kopf- und der Fußbereich folgendermaßen aussehen:

HTML-Code für den Kopfbereich

```
<nav id="main">
  <div class="full">
    <?php wp_nav_menu( array('menu' => 'Main' )); ?>
  </div>
  <div class="jump">
    <a href="#footernav">Zum Menü springen</a>
  </div>
</nav>
```

HTML-Code für den Fußbereich

```
<nav id="footernav">
  <?php wp_nav_menu( array('menu' => 'Main' )); ?>
</nav>
```

Und der zugehörige CSS-Code:

```
nav#main .full{ display: none; }

#footernav ul{
  margin: 0;
  padding: 0;
  }

#footernav li{
  font-size: 1.5em;
  border-bottom: 1px solid #FFFFFF;
  }

#footernav li a{
  padding: 10px;
  }

...
@media screen and (min-width: 34.188em){

...

  nav#main .full{
    display: block;
    }
  #footernav, nav#main .jump{
    display: none;
    }

...
}
```

Das funktioniert gut, verlangt aber vom Besucher, dass er Code herunterlädt, den er nicht sehen wird. Später in diesem Abschnitt werden Sie sehen, wie man diese Methode mit RESS verbessern kann.

Abgesehen vom zusätzlichen Code kann die Benutzung auch für den Besucher irritierend sein. Der Seitenansicht ändert sich – zuerst ist der Benutzer oben auf der Seite, dann plötzlich unten – ohne irgendeinen Scrollvorgang oder eine Animation; damit ändert sich alles, was der Besucher angesehen hat. Das ist nicht unproblematisch. Besser ist es, die Navigation für mobile Geräte in eine Auswahlliste umzuwandeln. Diese Lösung trägt dem oben beschriebenen Problem Rechnung.

Ein sanfter Scrolleffekt für die Navigationsvariante »Sprung zur Navigation im Fußbereich«

Sie können den Übergang bei der Fußbereichsnavigation durch einen zusätzlichen jQuery-Scrolleffekt angenehmer machen. Nachdem Sie jQuery eingebunden haben, müssen Sie folgende Funktion in Ihren `head`-Bereich (oder in Ihre *functions.php*-Datei mithilfe eines `wp_head`-Action-Hook) hinzufügen:

```
$(function() {
  $('a[href*=#]:not([href=#])').click(function() {
    if (location.pathname.replace(/^\//,'') == this.pathname.replace(/^\//,'')
        || location.hostname == this.hostname) {
      var target = $(this.hash);
      target = target.length ? target : $('[name=' + this.hash.slice(1) +']');
      if (target.length) {
        $('html,body').animate({
          scrollTop: target.offset().top
        }, 1000);
        return false;
      }
    }
  });
});
```

Die Auswahlliste

Die Auswahlliste ist eine klare, benutzerfreundliche Methode, bei der die Navigation oben auf der Seite platziert wird, ohne zu viel Bildschirmplatz zu benötigen. Ein Nachteil ist, dass diese Variante nicht so leicht zu implementieren ist wie die vorherigen. Sie müssen im Endeffekt zwei unterschiedliche Menüs programmieren: einmal das normale Menü und ein zweites innerhalb der Auswahlliste (Abb. 4-5).

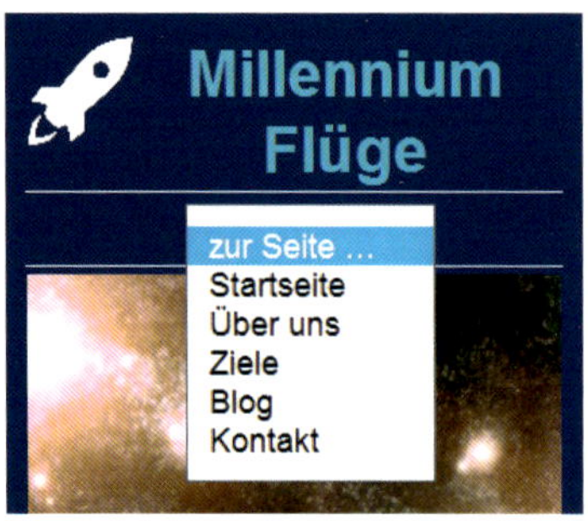

Abb. 4-5 *Die Auswahllisten-Lösung schafft viel Platz, und lässt trotzdem die Navigation oben. Allerdings muss der Benutzer immer noch zwei verschiedene Navigationsmenüs herunterladen.*

Lassen wir einmal WordPress für einen Moment beiseite und sehen uns die HTML-Struktur für eine Navigation über eine Auswahlliste an:

```
<select onchange="location=this.options[this.selectedIndex].value;">
  <option value="" selected="selected">zur Seite</option>
  <option value="/home/">Startseite</option>
  <option value="/about/">Über uns</option>
  <option value="/destinations/">Ziele</option>
  <option value="/contact/">Kontakt</option>
</select>
```

Obwohl das wie eine normale Standardimplementierung aussieht, müssen wir doch ein bisschen Aufwand betreiben, um es in WordPress zum Laufen zu bringen, weil dadurch die gesamte Struktur des Menüs geändert wird. Glücklicherweise ermöglicht WordPress den Entwicklern genau das mit der `Walker_Nav_Menu`-Klasse. Ein »Walker« in der Programmierung ist eine Möglichkeit, Daten zu durchlaufen oder zu verarbeiten, die hierarchisch in einer Baumstruktur untergebracht sind. In unserem Fall durchläuft die Klasse den HTML-Code, um die ungeordnete Liste der Navigationspunkte zu erzeugen. Erstellen Sie eine Datei namens *Select_Nav_Walker.php*, in der Sie eine Klasse zur Erweiterung der Klasse `Walker_Nav_Menu` definieren, die vier Funktionen zur Anzeige des Menüs verwendet:

```
class Select_Nav_Walker extends Walker_Nav_Menu {

  public function start_lvl(&$output, $depth){}
  public function end_lvl(&$output, $depth){}
  public function start_el(&$output, $item, $depth, $args){}
  public function end_el(&$output, $item, $depth){}
}
```

Die Funktionen `start_lvl` und `end_lvl` geben die öffnenden und schließenden Elemente für das Menü aus; standardmäßig ist dies `<ul>` und `</ul>`. Sie werden das neue Markup (das `<select>`-Tag von oben) an einer anderen Stelle einfügen, deswegen bleiben beide Funktionen, wie sie sind: nämlich leer.

Die beiden anderen Funktionen, `start_el` und `end_el`, werden verwendet, um die einzelnen Menüpunkte zu erstellen. `end_el` ist ganz einfach:

```
public function end_el(&$output, $item, $depth){
    $output .= "</option>\n";
  }
```

Der Funktionsrumpf braucht nur eine Zeile – das Markup, das die Menüpunkte abschließt. Normalerweise ist das `</li>`, aber weil es eine Auswahlliste werden soll, ändern Sie es in `</option>`. In der Variable `$output` steht das, was die Klasse bei jedem Durchlauf ergänzt, bevor sie es zurückschickt, damit es auf dem Bildschirm ausgegeben wird. Deswegen ist es wichtig, `".="` und nicht nur `"="` zu schreiben. Anderenfalls würde Ihr ganzes Menü nur aus einem `</option>` bestehen.

Die Funktion `start_el` ist ein bisschen komplizierter, und sie verwendet das `$item`-Argument, das ihr übergeben wird.

```
public function start_el(&$output, $item, $depth, $args){
  $item->title = esc_attr($item->title);
  $output .= '  <option value="'. $item->url .'">'. $item->title;
}
```

Die erste Zeile maskiert den Titel, wobei Sonderzeichen in HTML-Entities verwandelt werden. Dann ergänzen wir die `<option>`-Elemente bei der Variable `$output`. `$item` ist ein Array mit mehreren Werten, darunter auch `url` und `title`.

Damit haben wir die Klasse abgeschlossen, die in ihrer Gesamtheit folgendermaßen aussieht:

```
class Select_Nav_Walker extends Walker_Nav_Menu {

  public function start_lvl(&$output, $depth){}

  public function end_lvl(&$output, $depth){}

  public function start_el(&$output, $item, $depth, $args){
    $item->title = esc_attr($item->title);
    $output .= ' <option value="'. $item->url .'">'. $item->title;
  }

  public function end_el(&$output, $item, $depth){
    $output .= "</option>\n";
  }
}
```

Sie können den Code entweder direkt in *functions.php* angeben oder ihn in eine eigene Datei schreiben, die Sie dann in *functions.php* einbinden.

Dann müssen Sie sich an das Markup von *header.php* begeben, das folgendermaßen aussieht:

```
<nav id="main">
<div class="full">
    <?php wp_nav_menu( array('menu' => 'Main' )); ?>
  </div>
  <div class="select-menu">
    <?php
      wp_nav_menu(array(
        'menu' => 'Main',
        'walker'         => new Select_Nav_Walker(),
        'items_wrap'     => '<select ONCHANGE="location=this.options[this.selected-
             Index].value;"><option>Zur Seite</option>%3$s</select>',
        'container' => false
        )
      );
    ?>
  </div>
</nav>
```

Jetzt können Sie das Menü auf dieselbe Art anzeigen bzw. verbergen, wie Sie es beim Menütyp »Sprung zur Navigation im Fußbereich« gemacht haben, aber wir schauen uns eine bessere Variante etwas später im Kapitel an.

Zu erwähnen sind an dieser Stelle die neuen Einträge für die Auswahllisten-Menüvariante aus `wp_nav_menu()`. Es wurden drei neue Argumente übergeben:

- `walker`: Der Wert des Walker ist die Instanziierung der `Select_Nav_Walker`-Klasse. Das bringt WordPress dazu, diesen Walker anstelle des Defaults bei der Erstellung des Menüs zu verwenden.
- `items_wrap`: Standardmäßig wird `<ul>` für einen normalen Walker verwendet. Da Sie Ihren Walker für ein Auswahlmenü brauchen, muss an dieser Stelle das richtige Markup angegeben werden. Sie sehen hier auch die Angabe `%3$s`. Diese ist notwendig, damit `$output` eingebunden wird.
- `container`: Standardmäßig wird die gesamte Liste von einem `div`-Element umfasst, was wir hier nicht brauchen.

Das war's schon. Jetzt sollten Sie ein normales Menü bei voller Bildschirmbreite haben und die Auswahlliste für kleinere Bildschirme. Aber es gibt noch das Problem mit den mehrfachen Menüs, die heruntergeladen werden, darum kümmern wir uns ein bisschen später.

Tipp

Es gibt WordPress-Plugins, die denselben Effekt erzielen. Das beliebteste ist wohl dieses hier: http://rwdwp.com/33.

Off-Canvas

Die nun vorgestellte Technik ist die bei Weitem fortschrittlichste, aber auch die raffinierteste. Bei dieser Methode haben Sie den Hauptinhalt auf dem Bildschirm und können über einen Button (oder sogar über ein Wischen) mehr Inhalte von links oder rechts aufdecken, die sich im Normalfall außerhalb des sichtbaren Bereichs befinden. Das wird bei vielen mobilen Anwendungen verwendet, um die Navigation links zu platzieren, die standardmäßig versteckt ist (Abb. 4-6).

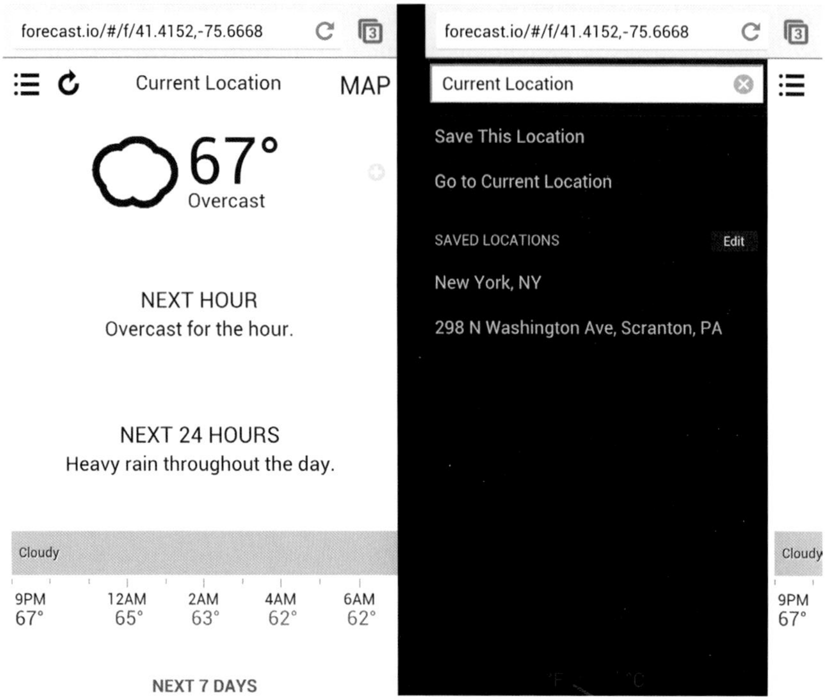

Abb. 4-6 *Forecast.io – eine unglaubliche mobile Site – setzt die Off-Canvas-Technik ein.*

Diese Technik befreit den Bildschirmplatz von der Navigation, sodass der Besucher nur den eigentlichen Inhalt sieht. Der größte Nachteil ist die Schwierigkeit, diese Lösung zu implementieren. Je nach Umsetzung kann es sein, dass Sie Inhalte verstecken, und Sie werden sicher auf JavaScript für die Animation zurückgreifen müssen (wahrscheinlich auf jQuery). Bei dieser Technik müssen Sie einen ganz neuen Seitenbereich erstellen, um den Sie sich dann kümmern müssen. Wenn Sie diese Technik im Einsatz sehen wollen oder sich selbst daran wagen möchten: Jason Weaver und Luke Wroblewski stellen den Code sowie die Quellen und Beispiele unter http://rwdwp.com/34 zur Verfügung (Abb. 4-7).

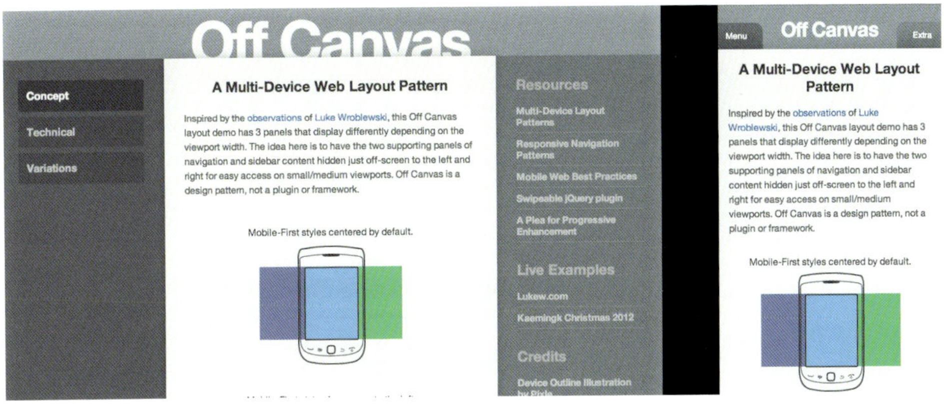

Abb. 4-7 *Die Off-Canvas-Website bietet eine Live-Demo, Beispielcode und Quellen für diejenigen, die diese Technik selbst ausprobieren möchten.*

Das ist nicht die einzige Implementierung des Off-Canvas-Ansatzes. Wenn Menüs (oder andere Inhalte) von oben oder unten hereingeschoben werden, zählt das ebenfalls zur Off-Canvas-Technik; *Canvas* bezeichnet dabei eigentlich nur den direkt sichtbaren Bereich auf dem Bildschirm. Weil diese Technik so beliebt ist, gibt es ein JavaScript-Plugin, das die Anwendung einfach macht. Es nennt sich responsive-nav.js. Nachfolgend sehen Sie, wie Sie dieses bei unserem Millennium-Flüge-Theme einsetzen.

responsive-nav.js

In Kapitel 3 haben Sie einige Fragen gesehen, die Sie sich stellen sollten, wenn Sie den Einsatz von JavaScript überlegen. Fragen in der Art von »Brauche ich das?« und »Wie groß ist die Datei?«. Ehrlich gesagt, wir brauchen responsive-nav.js nicht *wirklich*. Aber andererseits ist es eine der besten und schlankesten Implementierungen des Off-Canvas-Ansatzes. Und 1.7 KB ist wirklich nicht viel.

Alles, was Sie benötigen, um das Skript einzusetzen, finden Sie unter http://rwdwp.com/26 (Abb. 4-8).

Abb. 4-8 *Die Homepage von Responsive Nav zeigt, wie die JavaScript-Bibliothek funktioniert.*

Wir müssen uns um ein paar Dinge kümmern, damit responsive-nav.js beim Millennium-Flüge-Theme funktioniert. Zuerst müssen Sie für die Einbindung der Dateien durch WordPress sorgen (nachdem Sie die Dateien heruntergeladen haben). Da es zum Einbinden von Dateien schon eine Funktion im Theme gibt, müssen Sie nur eine Zeile ergänzen:

```
function mf_scripts() {
  wp_enqueue_style( 'googlewebfonts', 'http://fonts.googleapis.com/css?fa-
      mily=Open+Sans+Condensed:300' );
  wp_enqueue_script( 'responsivenav', TEMPPATH.'/js/responsive-nav.min.js', array());
  echo '<!--[if lt IE 9]>';
  echo '<script src="http://html5shim.googlecode.com/svn/trunk/html5.js"></script>';
  echo '<script src="'. TEMPPATH .'/js/respond.min.js"></script>';
  echo '![endif]-->';

}
```

Da das Skript beim umfassenden `div` eine CSS-ID voraussetzt, müssen Sie die Navigationsfunktion etwas anpassen. Ändern Sie in der Datei *header.php* die Funktion `wp_nav_menu` folgendermaßen ab:

```
<nav id="main">
<?php wp_nav_menu( array('menu' => 'Main', 'container_id' => 'top-menu')); ?>
</nav>
```

Hier ist ein weiteres Argument hinzugekommen, nämlich `container_id`. Dieses ergänzt beim `div`-Element, das die Navigation umfasst, `id="top-menu"`. Jetzt müssen Sie den CSS-Code hinzufügen.

Bei den heruntergeladenen Dateien finden Sie auch eine CSS-Datei namens *responsive-nav.css*. Sie können diese CSS-Datei in die *style.css*-Datei des Theme kopieren, aber Sie müssen einige Änderungen durchführen. Die folgenden Zeilen sollten vor allen Media Queries eingetragen werden:

```
#top-menu ul {
  margin: 0;
  padding: 0;
  width: 100%;
  display: block;
  list-style: none;
  }

#top-menu li {
  width: 100%;
  }

.js #top-menu {
  clip: rect(0 0 0 0);
  max-height: 0;
  position: absolute;
  display: block;
  overflow: hidden;
  zoom: 1;
  }

nav.opened {
  max-height: 9999px;
  }
```

Das sind kleine Anpassungen am Standard-CSS-Code für unseren neuen Menüselektor. Dasselbe betrifft auch den CSS-Code, der nach der ersten Media Query ergänzt wird:

```
@media screen and (min-width: 34.188em){
  .js #top-menu {
    position: relative;
    }
  .js #top-menu {
    max-height: none;
    }
  #nav-toggle {
    display: none;
    }
...
}
```

Außerdem gibt es etwas JavaScript-Code, der vor dem schließenden `</body>`-Tag stehen sollte. Um ihn in unserem Theme einzufügen, können wir die `wp_footer`-Action nehmen:

```
function mf_responsive_nav(){
  echo '<script>
           var navigation = responsiveNav("#top-menu");
        </script>';
}

add_action('wp_footer', 'mf_responsive_nav');
```

Das weist responsive-nav.js an, das `div` mit der ID `top-menu` zu suchen und die Änderungen am Menü in diesem Container durchzuführen. Wenn Sie das ergänzt haben, sollten Sie nach einer Aktualisierung der Seite das Ergebnis sehen (Abb. 4-9).

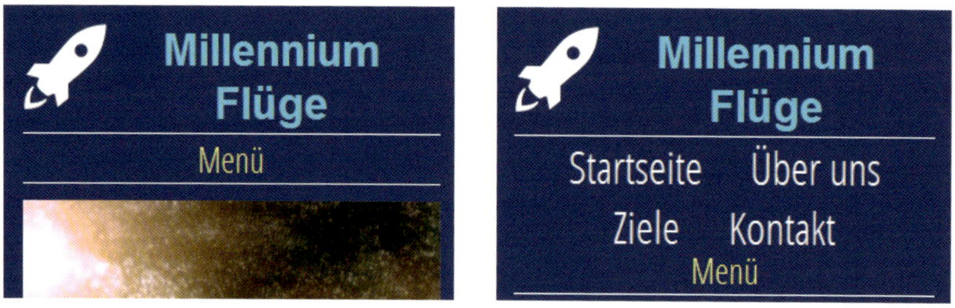

Abb. 4-9 *Millennium Flüge mit den Standardeinstellungen von responsive-nav.js. Das meiste, was Sie hier sehen, können Sie über CSS oder JavaScript anpassen.*

Fast alles, was Sie in diesem Screenshot sehen, können Sie über CSS oder über Argumente, die Sie an die `responsiveNav()`-Funktion übergeben, anpassen.[1] In der endgültigen Version des Themes sehen Sie anstelle des Textes *Menü* das gängige Menü-Icon (das aufgrund unglücklicher Umstände im Englischen oft *Hamburger* genannt wird).

4.1.2 Serverseitige Anpassung der Navigation

Die bisher angewandten Techniken haben immer ganz auf CSS basiert – genau genommen auf dem Anzeigen und Verstecken der Navigation bei bestimmten Breakpoints. In Kapitel 3 haben Sie jedoch eine Funktion kennengelernt, die besonders für die Navigation hilfreich sein kann, nämlich `mf_is_mobile_device()`. Durch ihren Einsatz können Sie je nach Situation die eine oder die andere Version der Seitennavigation ausgeben, anstatt beide zu laden. Sehen wir uns zuerst die Auswahllisten-Navigation an.

1. Durch die folgende Ergänzung wird beispielsweise die Beschriftung *Menü* anstelle des englischen *Menu* angezeigt:

```
var navigation = responsiveNav("#top-menu", {
  label: "Menü"
});
```

Statt des folgenden Codes …

```
<nav id="main">
<div class="full">
    <?php wp_nav_menu( array('menu' => 'Main' )); ?>
  </div>
  <div class="select-menu">
    <?php
      wp_nav_menu(array(
        'menu' => 'Main',
        'walker'          => new Select_Nav_Walker(),
        'items_wrap'      => '<select ONCHANGE="location=this.options[this.selected-
             Index].value;"><option>Zur Seite</option>%3$s</select>',
        'container' => false
        )
      );
    ?>
  </div>
</nav>
```

… können wir einen wesentlich einfacheren Code einsetzen, der viel weniger CSS benötigt:

```
<nav id="main">
<?php
if(!ISMOBILE){
    wp_nav_menu( array('menu' => 'Main', 'container_id' => 'top-menu'));
  }else{
    wp_nav_menu(array(
      'menu' => 'Main',
      'walker'          => new Select_Nav_Walker(),
      'items_wrap'      => '<select ONCHANGE="location=this.options[this.selected-
           Index].value;"><option>Zur Seite</option>%3$s</select>',
      'container' => false
      )
    );
  }
?>
</nav>
```

Beachten Sie, dass es keine eigene Klasse gibt, um das eine oder das andere Menü zu verstecken. Der Code besagt so viel wie »Wenn der Besucher kein mobiles Gerät verwendet, gib das normale Menü aus. Ansonsten gib das Auswahllisten-Menü aus.« Das bedeutet, dass der Benutzer nicht zwei Navigationen herunterlädt, und Sie außerdem nicht zusätzlichen CSS-Code schreiben müssen, um die Navigation in Abhängigkeit von bestimmten Breakpoints anzuzeigen oder zu verbergen.

Hinweis

Bei einem Layout, das RESS einsetzt, können Sie die Auswirkungen nicht allein durch eine Größenveränderung des Browserfensters prüfen. Sie müssen richtige Gerätetests durchführen.

Dasselbe können Sie mit der Fußbereichsnavigation machen. In *header.php* haben Sie folgenden Code:

```
<nav id="main">
  <?php
    if(!ISMOBILE){
      wp_nav_menu( array('menu' => 'Main',
      'container_id' => 'top-menu'));
    }else{
      echo '<a href="#footernav">Zum Menü springen</a>';
    }
  ?>
</nav>
```

Dieser ist genauso aufgebaut wie der Code für die Auswahllisten-Navigation, abgesehen davon, dass es einen Sprunglink im Fußbereich gibt. Und so sieht das Markup von *footer.php* aus:

```
<?php if(ISMOBILE){ ?>
  <nav id="footernav">
    <?php wp_nav_menu( array('menu' => 'Main' )); ?>
  </nav>
<?php } ?>
```

Im Fußbereich wird überprüft, ob der Benutzer ein mobiles Gerät verwendet, bevor die Navigation ausgegeben wird.

Tipp

Wenn Sie Probleme haben, RESS in Ihrem Theme zu verwenden, oder wenn Sie eine weiterführende Funktionalität brauchen, sollten Sie einmal das WP Mobile Detect-Plugin von Jesse Friedman testen. Sie finden es im Plugin-Verzeichnis unter http://rwdwp.com/35.

Diese Technik lässt sich bei mehreren anderen Bereichen im Theme anwenden. Aber angesichts der Fülle von Techniken – wie entscheiden Sie sich, welche Sie wann benutzen sollen?

4.1.3 Überlegen Sie, was für Ihre Besucher das Beste ist

Wie auch bei allem anderen in der Webentwicklung (ja sogar wie bei Design und Entwicklung im Allgemeinen), sollten Sie überlegen, was für die Benutzer das Beste ist. In vielen Fällen ist es das, was am wenigsten Platz auf dem Bildschirm einnimmt.

Vielleicht aber verstehen Ihre Benutzer die Navigation auch besser, wenn sie sie vollständig ausgebreitet vor sich finden. Vielleicht kennen Ihre Benutzer auch das Standard-Menü-Icon noch nicht. Deshalb ist es ratsam, ein paar Untersuchungen durchzuführen, wie Besucher Ihre Website benutzen. Machen Sie A/B-Tests oder fragen Sie zumindest Ihre Freunde und Ihre Familie nach ihrer Meinung. Bitten Sie Ihre Besucher um Feedback. Wie bei so vielen Dingen ist die einfachste Lösung die beste.

Um herauszufinden, was für Ihre Besucher das Beste ist, können Sie sich folgende Fragen stellen:

- Welche Geräteklassen/-typen verwenden die Besucher meiner Site?
- Wollen die meisten Besucher die Inhalte der Startseite sehen oder besuchen sie normalerweise eine andere Seite?
- Welche Informationen möchte *ich selbst* als wichtigste zeigen?
- Wie technisch versiert sind meine Besucher?

Wie bereits erwähnt, sollten Sie verschiedene Möglichkeiten anbieten und prüfen, was am besten funktioniert.

4.2 Vom richtigen Umgang mit Bildern

Bilder sind einer der größten Knackpunkte beim RWD; denn es genügt nicht, ihre Größe zu verändern, wenn das Layout oder der umfassende Container seine Größe ändert. Es gibt viele Tools und Techniken, die bei einer besseren Skalierung helfen, für kleinere Dateigrößen und eine schnellere Ladegeschwindigkeit und mehr sorgen. Richtig hilfreich ist die Art, wie WordPress hochgeladene Bilder behandelt.

SVG-Bilder nutzen

Wir werden SVG (Scalable Vector Graphics) nicht ausführlich diskutieren, weil es nicht WordPress-spezifisch ist, aber es ist eine sehr gute Technik für skalierbare Bilder. SVG haben keine festen Pixelausmaße (obwohl sie Standardhöhen und -breiten besitzen). Deswegen skalieren sie ohne Qualitätseinbuße gut und machen auch auf Apples Retina-Displays eine gute Figur.

Sie lassen sich genauso einfach verwenden wie das `<img>`-Tag, obwohl es ein paar Einschränkungen in puncto Browserunterstützung gibt, besonders beim IE8 und kleiner sowie bei Android 2.3 und früheren Versionen. Von Chris Coyier stammt eine gute Einführung in SVG unter http://rwdwp.com/36. Um SVG-Dateien in WordPress hochladen zu können, brauchen Sie folgende Funktion (die ebenfalls von Chris Coyier stammt):

```
function mf_allow_svg( $mimes ){
  $mimes['svg'] = 'image/svg+xml';
  return $mimes;
}
add_filter( 'upload_mimes', 'mf_allow_svg' );
```

4.2.1 Wie in WordPress Bilder hochgeladen werden

Wenn Sie ein Bild hochladen, erstellt der Medien-Uploader von WordPress standardmäßig die Bilder in verschiedenen Größen: Miniaturbild (`thumbnail`, bis 150 × 150px), mittlere Bildgröße (`medium`, bis 300 × 300px), maximale Bildgröße (`large`, bis 1024 × 1024 px) und die vollständige Größe, die der ursprünglichen Größe des hochgeladenen Bildes entspricht. Sie können auch verschiedene Größen angeben über die Funktionen `the_post_thumbnail()` und `get_the_post_thumbnail()`; allerdings liefern diese nur ein `<img>`-Tag mit Breiten- und Höhenangaben zurück. Wenn Sie nur die Bild-URL benötigen, können Sie `wp_get_attachment_image_src()` verwenden, das Ihnen ein Array mit Bild-URL, Breite, Höhe und einem booleschen Wert liefert. Der boolesche Wert verrät Ihnen, ob das Bild die skalierte Variante (`true`) oder die ursprüngliche (`false`) ist.

Sie können auch andere Bildgrößen für die Schlüsselwörter `thumbnail` oder `medium` etc. definieren, dann werden Bilder in dieser Größe erstellt. Die Funktion hierfür lautet `add_image_size()`. Wenn Sie ein besonderes Beitragsbild für den Millennium-Flüge-Ziele-CPT definieren wollen, können Sie folgenden Code nutzen:

```
add_image_size('mf_destinations_featured', 650, 300, true);
```

> **Tipp**
>
> Das ist auch sinnvoll, wenn Sie unterschiedlichere Bildgrößen bei der Technik einsetzen wollen, die wir im nächsten Abschnitt umsetzen werden.

Dabei stehen die Parameter in der angegebenen Reihenfolge für `$name` (der für Funktionen wie `the_post_thumbnail()` benutzt werden kann), `$width`, `$height` und `$crop`. `$crop` (das standardmäßig `false` ist) verrät WordPress, ob das Bild exakt abgeschnitten werden soll. Exaktes Abschneiden bedeutet, dass das Bild genau bei der angegebenen Größe beschnitten werden soll, unabhängig von seinen ursprünglichen Ausmaßen. Wenn `$crop false` ist, wird eine proportionale Beschneidung durchgeführt. Die Breite und Höhe des Bildes werden als maximale Größen genommen.

Das heißt: Wenn Sie ein Bild hochladen, werden mindestens drei neue Bilder (d.h. Bilder in drei Größen) erstellt. Dadurch ändert sich auch die Dateigröße der Bilder: Kleinere Bilder haben eine geringere Dateigröße. Von diesen Bildern können wir profitieren, wenn wir sie in Kombination mit einer schlanken JavaScript-Bibliothek namens picturefill.js verwenden, die es erlaubt, passend skalierte Bilder in Abhängigkeit von der Bildschirmgröße anzeigen zu lassen.

4.2.2 picturefill.js einsetzen

picturefill.js stammt von Scott Jehl, der damit die Funktionalität des vorgeschlagenen HTML-Elements `<picture>` nachbilden wollte: Dieses HTML-Element würde einen guten Umgang mit responsiven Bildern (und sogar auch mit Retina-Bildern) ermöglichen. Alle Informationen dazu finden Sie unter http://rwdwp.com/23.

Um es zu verwenden, schreiben Sie mehrere Zeilen nach dem folgenden Schema:

```
<span data-src="image.jpg" data-media="(min-width: 400px)"></span>
```

Bei `data-src` steht der Pfad zum Bild und hinter `data-media` wird über eine Media Query angegeben, wann das Bild verwendet werden soll. Ein vollständiges Beispiel kann wie das folgende von GitHub aussehen:

```
<span data-picture data-alt="ein gigantischer Stein gegenüber vom Bayon-Tempel in
    Angkor Thom, Kambodscha">
<span data-src="small.jpg"></span>
<span data-src="medium.jpg" data-media="(min-width: 400px)"></span>
<span data-src="large.jpg" data-media="(min-width: 800px)"></span>
<span data-src="extralarge.jpg" data-media="(min-width: 1000px)"></span>

        <!-- Fallback-Inhalt bei deaktiviertem JavaScript. Dieselbe img-Pfadangabe
             wie beim ersten unqualifizierten src-Element. -->
<noscript>
<img src="small.jpg" alt="ein gigantischer Stein gegenüber vom Bayon-Tempel in
    Angkor Thom, Kambodscha ">
</noscript>
</span>
```

Das zuerst angegebene Bild ist für die kleinsten Bildschirme gedacht, und Sie können so viele Angaben/Media Queries schreiben, wie Sie möchten. Auf der GitHub-Seite werden weitere Anwendungen gezeigt, aber dieses grundlegende Beispiel wird uns soweit genügen.

Dieses Skript lässt sich mit den verschiedenen vom WordPress-Medien-Manager erstellten Bildgrößen einsetzen, um uns ein picturefill-Objekt zu erstellen, das wir dann im Theme aufrufen.

```
function mf_get_featured_image($html, $aid=false){
  $sizes= array('thumbnail', 'medium', 'large', 'full');

  $img= '<span data-picture data-alt="'.get_the_title().'">';
  $ct= 0;
  $aid= (!$aid) ? get_post_thumbnail_id() : $aid;

  foreach($sizes as $size){
    $url= wp_get_attachment_image_src($aid, $size);

    $width= ($ct < sizeof($sizes)-1) ? ($url[1]*0.66) : ($width/0.66)+25;

    $img.= '<span data-src="'. $url[0] .'"';
    $img.= ($ct > 0) ? ' data-media="(min-width: '. $width .'px)"></span>' :'>
        </span>';

    $ct++;
  }
  $url= wp_get_attachment_image_src( $aid, $sizes[1]);
```

```
    $img.=  '<noscript>
              <img src="'.$url[0] .'" alt="'.get_the_title().'">
            </noscript>
    </span>';
  return $img;
}
```

Hier passieren mehrere Dinge. Zuerst einmal gibt es in der Funktion ein Array mit allen Standardbildgrößen von WordPress. Wenn Sie eigene Größen definiert haben, müssen Sie sie hier ergänzen. Auf diese Art wird das picturefill-Element korrekt gefüllt. Nach ein paar Vorbereitungsarbeiten (Bildgrößen definieren, das picturefill-Element öffnen, einen Zähler initialisieren), wird das `$sizes`-Array durchlaufen und ein Bildeintrag für jede Größe erstellt.

Für jeden Eintrag wird `wp_get_attachment_image_src()` aufgerufen, um die URL des Bildes über die Bild-ID (die uns `get_post_thumbnail_id()` aufgrund der Beitrags-ID liefert) und die Größe des Bildes zu ermitteln. `wp_get_attachment_image_src()` liefert uns ein Array mit dem Bild, seiner Breite und Höhe sowie der Angabe, ob es zugeschnitten wurde oder nicht. Beim ersten Durchlauf der Schleife benötigen wir keine Minimalbreite, weil das Bild das Defaultbild ist. An dieser Stelle kommt der Zähler ins Spiel. Für die restlichen Durchläufe wird die Breite aufgrund einer einfachen Formel sowie einer Annahme berechnet. Sehen wir uns die folgende Zeile noch einmal an:

```
$width= ($ct < sizeof($sizes)-1) ? ($url[1]*0.66) : ($width/0.66)+25;
```

Hier geschieht in den meisten Fällen Folgendes: Wir beginnen das nächste Bild mit einer 66%-igen Breite anzeigen zu lassen. Wenn das Bild beispielsweise 1000px breit ist, dann wird es zuerst mit 660px Breite angezeigt. Handelt es sich hingegen um das letzte Bild des Arrays, kann man annehmen, dass es das größte Bild ist (das Bild in der vollen Breite). Es gibt ein paar komische Ergebnisse beim Bild in der vollen Größe, deswegen können wir uns nicht auf die Breite und Höhe verlassen, die beim Bild in der vollen Größe zurückgegeben werden. Aus diesem Grund nehmen wir einfach die Breite des vorherigen Bildes und addieren 25px dazu.

Bevor sie den picturefill-Code zurückliefert und falls JavaScript deaktiviert ist, definiert die Funktion als letztes ein Standardbild. Das ist das `medium`-Bild.

Weil das Plugin die picturefill-Bibliothek braucht, muss noch eine Aufgabe erledigt werden: nämlich *picturefill.js* beim anderen JavaScript-Code, der auf der Site geladen wird, zu ergänzen. Bei der Funktion `mf_scripts()`, die wir bisher im Buch verwendet haben, müssen wir noch die folgende Zeile schreiben:

```
wp_enqueue_script( 'picturefill', TEMPPATH.'/js/picturefill.js', array());
```

Wenn Sie lieber weiter die Funktion `the_post_thumbnail()` anstelle der neuen Funktion verwenden möchten, oder wenn Sie picturefill bei allen Beitragsbildern oder allen Instanzen von `the_post_thumbnail()` benutzen wollen, so können Sie das leicht durch die Ergänzung eines Filters in Ihrer Datei *functions.php*:

```
add_filter( 'post_thumbnail_html', 'mf_get_featured_image');
```

Wichtig: diese Funktion wird nicht automatisch für alle Bilder auf Seiten und Blogbeiträgen benutzt; sie wird nur für die Beitragsbilder eingesetzt. Um alle Bilder in Beiträgen zu behandeln, müssten Sie einen Inhalt-Filter definieren und ein bisschen RegEx-Magie anwenden, um alle `<img>`-Tags durch das picturefill-Skript zu ersetzen.

Hinweis

Damit Beitragsbilder unterstützt werden, müssen Sie `add_theme_support( 'post-thumbnails' );` in Ihrer Datei *functions.php* angeben.

Es gibt ein Plugin, das Inhaltsbilder durch den picturefill-Code ersetzt, Sie finden es unter http://rwdwp.com/37. Nach meinen Tests funktioniert es recht gut, aber es kann sein, dass Sie Performance-Probleme bemerken. Es ist trotzdem das beste, denn alles, womit ich herumexperimentiert habe, brachte eine schlechtere Performance als dieses Plugin.

Wenn Sie das weiter verfeinern wollen, können Sie auch einen Shortcode zusammen mit der vorgestellten Funktion verwenden. Ich habe noch nicht die Argumente besprochen, die die Funktion erwartet: Das Erste ist `$html`. Das ist der HTML-Code, der durch den `post_thumbnail_html`-Filter gesendet wird. Das zweite Argument ist `$aid` für die ID des Attachments. Das erlaubt Ihnen, die Funktion bei allen Bildern zu verwenden, nicht nur bei Beitragsbildern.

Der Shortcode, den wir erstellen wollen, lautet `[mf_image src='pfad/zum/bild']`. Dieser Shortcode erwartet eine Pfadangabe als Argument und gibt das picturefill-Markup für das Bild aus. Die Funktion, die die Hauptaufgabe erledigt, ist eine modifizierte Version der Funktion von wpmu.org (http://rwdwp.com/38) und Sie finden sie unten aufgeführt. Aber sehen wir uns zuerst die Funktion für den aktuellen Shortcode an:

```
function mf_responsive_image($atts, $content=null){
  extract( shortcode_atts( array(
    'src' => false
  ), $atts ) );

  if(!$src){
    return '';
  }else{
    $aid= mf_get_attachment_id_from_src($src);
    $img= mf_get_featured_image('', $aid);
  }

  return $img;

}

add_shortcode('mf_image', 'mf_responsive_image');
```

Die Funktion überprüft zuerst, ob eine URL übergeben wurde, sucht dann die ID für die URL (das ist die Stelle, an der die Funktion von wpmu.org ins Spiel kommt), bevor sie die ID an die `mf_get_featured_image`-Funktion übergibt. Sie gibt dann den erzeugten HTML-Code zurück. Hier sehen Sie die Funktion, die die ID des Attachments aufgrund der URL ermittelt:

```
function mf_get_attachment_id_from_src($url) {
  global $wpdb;
  $prefix = $wpdb->prefix;
  $attachment = $wpdb->get_col($wpdb->prepare("SELECT ID FROM " . $prefix . "posts"
      . " WHERE guid='%s';", $url ));
  return $attachment[0];
}
```

Mit dem Shortcode und der Funktion für die Beitragsbilder haben Sie zwei gute Methoden, um picturefill und responsive Bilder im Weiteren zu nutzen. Hoffentlich gibt es in naher Zukunft einen effizienten Weg, um alle Bilder zu behandeln. Bis dahin existieren noch andere Methoden, um Bilder ein bisschen responsiv-freundlicher zu machen.

Hinweis

Leider bedeutet der Shortcode, dass Sie zum Einfügen von Bildern in Ihre Beiträge nicht den Medien-Uploader verwenden können.

4.2.3 Die Breite und Höhe bei Bildern überschreiben

Die jetzt vorgestellte Technik hat Jesse Friedman in seinem Buch *Web Designer's Guide to WordPress* vorgestellt. jQuery erlaubt es uns, alle `<img>`-Tags im Inhalt zu suchen und die Breiten- und Höhen-Angaben bei den Bildern zu entfernen. Das stellt zumindest sicher, dass alle Bilder sich richtig in der Größe anpassen.

```
$(function(){
  $(".post img").removeAttr("width").removeAttr("height");
});
```

Sie können diese Funktion in den Kopfbereich einfügen (aber besser ist es, wenn Sie `add_action` einsetzen) und müssen jQuery laden – das war's auch schon.

Für diese Aufgabe lässt sich auch CSS einsetzen, obwohl die Ergebnisse bei CPTs, Bildern oder anderen CSS-Regeln unterschiedlich sein können; deswegen müssen Sie den Code eventuell noch anpassen:

```
img[class*="align"],
img[class*="wp-image-"] {
  height: auto; }

img.size-full {
  width: auto; }
```

4.3 Der richtige Umgang mit Widgets

Sidebars und Widgets sind ein grundlegender Bestandteil vieler Seiten, genauso auch bei WordPress-Seiten. Der Administrationsbereich von WordPress macht es Benutzern unglaublich einfach, eigene Sidebars zu verwalten. Ihre Aufgabe ist es allerdings, dafür zu sorgen, dass Sidebars und Widgets beim responsiven Design keine Probleme bereiten. Sehen wir uns zuerst responsive Sidebars an.

4.3.1 Die Sidebar

Erst einmal ist es wichtig darauf hinzuweisen, dass der Begriff *Sidebar* (zumindest in diesem Buch) nicht unbedingt den wirklichen Platz des Inhalts bezeichnet. Die Sidebar kann jeder ergänzende Inhalt sein. Es ist eher zufällig so, dass sich beim Hauptbeispiel die Sidebar an der rechten Seite befindet.

Die Entwicklung einer responsiven Sidebar beginnt direkt am Anfang des Coding-Prozesses: wenn Sie sich entscheiden, wo die Sidebar im Markup platziert werden soll. Es ist wichtig, jede Spalte richtig zu strukturieren und anzuordnen, besonders wenn Sie einen Mobile-First-Ansatz wählen. Anderenfalls kann es bei kleinen Bildschirmen passieren, dass die Sidebar zuerst und erst danach der Hauptinhalt dargestellt wird.

Tipp

Eine saubere Seitenstruktur ist auch bei der Suchmaschinenoptimierung hilfreich. Wenn der Hauptinhalt zuerst steht, teilen Sie damit den Suchmaschinen mit: »das ist das Wichtigste«.

Der Inhalt sollte folgendermaßen angeordnet werden: *Kopfbereich* > *Hauptinhalt* > *Sidebars* > *Fußbereich* (Abb. 4-10).

Abb. 4-10 *Die Anordnung des Inhalts, demonstriert bei einem Dreispalten-Layout*

Die Website Millennium Flüge hat nur eine rechte Sidebar, deswegen sieht die Struktur im HTML-Code so aus:

```
<div id="content" class="group">
  <div class="entry">
    <!-- Hier steht der Inhalt -->
  </div>
  <aside class="sidebar">
    <!-- Hier stehen die Widgets -->
  </aside>
</div>
```

Beachten Sie, dass das `div` mit der ID `"content"` als umfassendes Element für das Hauptinhaltselement und für die Sidebar dient. Das `div` mit der Klasse `"entry"` beinhaltet den Hauptinhaltsbereich der Site, und innerhalb des `aside`-Elements steht die Sidebar.

Weil die Bereiche in der richtigen Reihenfolge sind, brauchen Sie – was das Layout betrifft – keine CSS-Angaben für kleinere Bildschirme. Alle Angaben vor den Media Queries sorgen nur für ein bisschen Padding, Schriftanpassungen, Bildanordnungen etc. Wenn allerdings der Bildschirm eine bestimmte Größe erreicht, kommt der Moment, wo die ganze Sidebar nach rechts wandern soll, neben den Hauptinhaltsbereich. Der dafür notwendige CSS-Code sieht folgendermaßen aus:

```
@media screen and (min-width: 40.625em){
  #wrapper #content .entry{
    float: left;
    width: 66%;
    }

  #wrapper #content aside{
    margin-left: 68%;
    width: 30%;
    }
}
```

Auch wenn Sie mit nicht-flüssigen (oder festen) Layouts gearbeitet haben, sollte Ihnen das Prinzip hier bekannt vorkommen. Der Hauptinhaltsbereich `.entry` wird links gefloatet und auf eine Breite von 66% beschränkt. Die Sidebar erhält einen etwas größeren Margin und eine Breite, die den zusätzlichen Abstand berücksichtigt. Wenn die Benutzer noch größere Bildschirme haben, können wir die Sidebar und den Inhaltsbereich weiter anpassen, sodass Inhalt und Sidebar sich besser proportional an die Breite des Bildschirms anpassen.

```
@media screen and (min-width: 55.652em){
  #wrapper #content .entry{
    float: left;
    width: 75%;
    }

  #wrapper #content aside{
    margin-left: 78%;
    width: 22%;
    }
}
```

Bei der Entwicklung ist es wichtig, Tests durchzuführen und dabei verschiedene Layouts auszuprobieren. Denken Sie aber daran – die Breakpoints sollten inhaltsbasiert sein und sich nicht an Geräten orientieren! Machen Sie das, was am besten für Ihre eigenen Inhalte ist.

Die Klasse .group

Um auch ohne den Einsatz der bekannten `.clearfix`-Klasse sicherzustellen, dass es keine ausbrechenden gefloateten Inhalte gibt, können wir die `.group`-Klasse einsetzen. Diese Technik hat Dan Cederholm als eine bessere Alternative vorgeschlagen, weil sie den Code reduziert. Die notwendigen CSS-Angaben sehen folgendermaßen aus:

```
.group:after {
  content: ".";
  display: block;
  height: 0;
  clear: both;
  visibility: hidden;
  }
```

Das bewirkt, dass die Klasse sich selbst cleart, und macht die Verwendung eines leeren Containers unnötig. Allerdings sollte ich darauf hinweisen, dass das `:after`-Pseudoelement nicht im IE7 und kleiner funktioniert.

Das ist alles, was wir an strukturellem CSS-Code für die Sidebar brauchen. Natürlich ist aber jetzt noch die Frage nach der Behandlung von Widgets offen ...

4.3.2 Sidebar-Widgets

In WordPress ist ein Widget als eine Komponente definiert, die eine bestimmte Funktionalität oder bestimmte Inhalte zur Sidebar hinzufügt. Allgemein gesagt, sind Widgets Boxen außerhalb des Hauptinhaltsbereichs mit beliebigen Inhalten – Texte, Bilder, Formulare usw. Als Designer und Entwickler sollten wir eine Unterstützung für Widgets einplanen, weil es im Web Hunderte (oder vielleicht sogar Tausende) von Widgets gibt.

Zuerst einmal müssen Sie Ihre Sidebars richtig registrieren, damit die Container und Klassennamen benutzt werden, die Sie vorgeben. Hier sehen Sie den Code, der beim Millennium-Flüge-Theme verwendet wird:

```
register_sidebar( array (
  'name' => __( 'Sidebar', 'main-sidebar' ),
  'id' => 'primary-widget-area',
  'description' => __( 'The primary widget area', 'wpbp' ),
  'before_widget' => '<div class="widget">',
  'after_widget' => "</div>",
  'before_title' => '<h3 class="widget-title">',
  'after_title' => '</h3>',
) );
```

```
register_sidebar( array (
  'name' => __( 'Sidebar2', 'secondary-sidebar' ),
  'id' => 'secondary-widget-area',
  'description' => __( 'The secondary widget area', 'wpbp' ),
  'before_widget' => '<div class="widget">',
  'after_widget' => "</div>",
  'before_title' => '<h3 class="widget-title">',
  'after_title' => '</h3>',
) );
```

Sie sehen, dass für beide Sidebars dieselbe Struktur verwendet wird. Jedes Widget erhält die Klasse "widget" und die Titel sind <h3>-Tags mit der Klasse "widget-title". Damit können Sie allgemeine Formatierungen für die HTML-Elemente angeben, ohne dass diese von anderen Plugins überschrieben werden.

Tipp

Wenn Sie eigene Plugins oder Widgets entwickeln, die Sie öffentlich zur Verfügung stellen möchten, sollten Sie so wenig CSS-Code wie möglich einsetzen, und ihn Theme-Erstellern leicht zugänglich machen, die ihn vielleicht ändern möchten.

Beim Theme Millennium Flüge werden vor allen Media Queries einige Basisformatierungen für die Elemente angegeben, die man in einem Sidebar-Widget findet. Außerdem werden weitere Elemente (wie etwa Formularfelder) für Touchscreens optimiert.

```
aside .widget h3{
  margin-top: 0px;
  color: #8E6DD7;
  }

aside .widget{
  border-bottom: 2px solid #FFFFFF;
  margin: 10px 1.5%;
  text-align: left;
  padding: 5px 0.4%;
  }

aside .widget p, aside .widget ul,
aside .widget ol, aside .widget dl{
  margin: 0;
  padding: 0;
  font-size: 1.2em;
  }

aside .widget li{
  padding: 0;
  margin: 0 0 0 1em;
  list-style-type: none;
  }

aside .widget input, aside .widget select{
```

```
    margin: 1%;
    padding: 7px;
    font-size: 1.6em;
    width: 100%;
    border: 1px solid #CFCFCF;
    -moz-border-radius: 10px;
    -webkit-border-radius: 10px;
    border-radius: 10px;
    }
```

Für größere Bildschirme sind nur kleine Anpassungen notwendig:

```
@media screen and (min-width: 40.625em){
  aside .widget input[type=submit], aside .widget input[type=button]{
    margin: 0 auto;
    padding: 3px;
    font-size: 1.25em;
    width: 40%;
    }

  footer aside .widget{
    width: 30%;
    margin: 10px 1.2%;
    float: left;
    text-align: left;
    }
}
```

In der Tat ist hier sehr wenig zu tun – nur kleine Änderungen für Absende- und andere Buttons sowie einige Formatierungen für Widgets im Fußbereich, von denen drei nebeneinander platziert werden sollen. Allerdings gibt es ein kleines Problem mit diesem Ansatz.

Mir ist Folgendes passiert: Ich hatte einen Breakpoint bereits beim bisherigen Layout hinzugefügt, das ich verwendete. Wenn Sie die Seite bei 40em (650px) Breite ansehen, sind die Widgets ein bisschen gequetscht (Abb. 4-11).

Abb. 4-11 *Sind drei Widgets bei 650px nebeneinander platziert, wirken sie etwas gequetscht.*

Deswegen musste ich neue Breakpoints bestimmen. Und so sehen die neuen Anpassungen im CSS-Code aus:

```
@media screen and (min-width: 34.188em){
  ...
  footer aside .widget{
    width: 46%;
    margin: 10px 1.2%;
    float: left;
    text-align: left;
    }
}
@media screen and (min-width: 51em){
  footer aside .widget{
    width: 30%;
    }
}
```

Ich habe zwei neue Breakpoints eingefügt – einen für eine zweispaltige Widget-Darstellung und einen für eine dreispaltige. Jetzt sieht das Ganze bei der Dreispaltendarstellung wesentlich besser aus (Abb. 4-12).

Abb. 4-12 *Mit den angepassten Breakpoints sehen die Widgets wesentlich besser aus.*

Wenn Sie weitere Widgets zu Ihrem Theme hinzufügen, sollten Sie Folgendes beachten:

- Ist das Widget korrekt programmiert? Wird die HTML-Struktur verwendet, die Sie beim Anlegen des Widgets definiert haben?
- Beinhaltet das Widget eigenen komplexen CSS-Code? Wenn ja, kann es richtig nervig sein, die Formatierungen zu überschreiben (besonders, wenn sie inline angegeben sind), weil man dann verschachtelte Klassen einsetzen und sehr spezifisch bei den CSS-Selektoren sein muss.
- Sind die Klassennamen des Autors intuitiv gewählt und leicht zu finden (über die Dokumentation)? Wenn ja, ist es leicht, sie zu formatieren.

Wenn Sie richtig planen und konsistent in Ihrer Programmierung sind, sollten keine Probleme mit Ihren Widgets auftreten. Mit dem Reset, den Default-Styles für Elemente und den Default-Widget-Styles, die in diesem Kapitel besprochen wurden, sollten die wichtigsten Basics behandelt sein.

4.4 Zusammenfassung

In diesem Kapitel haben wir einiges besprochen: Von verschiedenen Techniken für die Navigation unter Verwendung von Media Queries, RESS und JavaScript über den richtigen Umgang mit Bildern bis dahin, wie Sie das Beste aus Ihren Sidebar-Widgets herausholen.

Bilder haben sich als harte Nuss erwiesen, aber wir können nun Beitragsbilder automatisch und Bilder in Beiträgen und Seiten durch einen Shortcode ersetzen lassen. Was die beste Art ist, Bilder innerhalb des Inhalts im großen Stil zu ersetzen, bleibt aufgrund möglicher Performance-Engpässe eine offene Frage. Aber das, was wir uns angesehen haben, sollte zumindest Sie und Ihre Nutzer schnell weiterbringen. Alle Bilder beim Laden der Webseite zu behandeln, ist kostenintensiv für die Website, was dazu führt, dass sie merkbar langsamer wird. Hoffentlich wird es da in naher Zukunft eine Verbesserung geben.

Der Schwerpunkt dieses Kapitels lag in der Behandlung von Layoutelementen. Im nächsten Kapitel kehren wir zum wesentlichen Kern von WordPress zurück und sehen uns an, wie Sie die Blogkomponenten der Site responsiv gestalten. Genau genommen sehen wir uns Kommentare, Archive und die Plugins anderer Entwickler an.

4.4.1 Fragen

1. Was ist das größte Problem am »Nichts tun«-Ansatz bei der Navigation?
2. Wann sollte man RESS für die Navigation einsetzen?
3. Was macht picturefill.js?
4. Wie stellen Sie sicher, dass die Inhalte bei Mehrspaltenlayouts richtig angeordnet sind?

4.4.2 Antworten

1. Die Navigation braucht viel vertikalen Platz, sodass der Inhalt weiter nach unten rutscht.
2. Sie sollten RESS nutzen, wenn Sie die Navigation/oder anderen HTML-Code je nach Bildschirmbreite verstecken wollen.
3. Es ersetzt ein einzelnes `<img>` durch mehrere Bilder, die je nach Bildschirmbreite gezeigt werden.
4. Ordnen Sie Ihre Spalten so an, dass der Hauptinhalt oben ist und die Sidebars danach kommen.

5 Ihr responsives Theme – Blog-Eigenschaften

Nachdem wir ein paar grundlegende Eigenschaften von WordPress (und von Websites im Allgemeinen) angesehen haben, kennen wir mehrere zuverlässige Methoden für den Umgang mit Layouts und dem – in punkto Bandbreite – kostenintensiven Inhalt. Kapitel 4 hieß »Ihr responsives Theme – grundlegende Eigenschaften«, weil wir Komponenten besprochen haben, die in der einen oder anderen Art bei allen Websites vorkommen. Wir haben diese dabei nur aus dem WordPress-Blickwinkel betrachtet. Aber es gibt auch einige Eigenschaften, die WordPress spezifisch sind.

WordPress begann – vor langer Zeit – als Blog-Plattform, und für viele Leute ist es das immer noch. Selbst wenn Sie WordPress für mehr nutzen (neuere Statistiken zeigen, dass das die meisten machen), so ist die Blog-Komponente doch das Herzstück von WordPress. Selbst wenn eine Site kein Blog ist, so beinhaltet sie wahrscheinlich trotzdem ein Blog, oder einen Bereich mit Neuigkeiten oder Ankündigungen. Blogs sind ein Teil des WordPress-Kerns und deswegen ist es wichtig, zu wissen, wie Sie am besten mit den Blog-Eigenschaften umgehen und wie Sie diese an ein responsives Design anpassen.

Wir werden uns dabei nicht Datumsangaben, andere Metadaten von Beiträgen u.Ä. ansehen, weil man dafür nur CSS braucht. Aber wir werden uns sowohl mit Kommentaren als auch mit Archiven beschäftigen (inklusive der Suche) sowie mit Plugins. Obwohl Plugins nicht unbedingt Blog-spezifisch sind, waren sie jedoch von Anfang an bei WordPress dabei; während Navigationen, Bilder und Seitenleisten auch bei anderen Websites verwendet werden, sind Plugins WordPress-spezifisch.

5.1 Behandlung von Kommentaren

Kommentare sind das Herz des Blogs – sie ermöglichen Diskussionen, hier beginnen Wortgefechte, und sie können natürlich auch die Brutstätte für Trolle ein. Sie sind eine gute Ergänzung der Inhalte, gleichzeitig können viele Kommentare die Ladezeit verlangsamen und die Seite wesentlich länger machen. Eine schnelle und einfache Behebung des Problems bestünde darin, die Kommentare auf mobilen Geräten auszublenden. Aber wie wir inzwischen wissen, gibt es Gründe, die eindeutig dagegen sprechen.

Tipp

Trolle bitte nicht füttern!

Stattdessen sehen wir uns zwei verschiedene Techniken an, damit die Kommentare nicht nur schön auf kleinen Bildschirmen aussehen, sondern auch die Performance der Website und die gesamte User Experience verbessert wird.

Das Kommentarsystem

Neben dem in WordPress integrierten Kommentarsystem gibt einige andere beliebte Methoden im Umgang mit Kommentaren auf Websites, inklusive WordPress-Sites. Für Kommentare auf Drittanbieter-Systeme zurückzugreifen, hat eine Reihe von Vorteilen – etwa dass die Bereiche angepasst werden können, aber zu größten Teilen schon gestaltet sind, und dass Authentifizierung und Moderation über eine Administrationsoberfläche bewerkstelligt werden, die vollkommen unabhängig von WordPress ist.

Beliebt ist Disqus (http://rwdwp.com/39), das es Benutzern mithilfe von JavaScript erlaubt, Kommentare auf beliebigen Webseiten zu hinterlassen. Es ermöglicht Benutzern das Handling mehrerer Kommentarbereiche über verschiedene Sites hinweg und erlaubt es Kommentatoren, sich mit den Zugangsdaten von anderen Social-Media-Diensten wie Facebook und Twitter einzuloggen. Es gibt sogar ein WordPress-Plugin (http://rwdwp.com/40).

Eine andere sehr beliebte Methode sind in Facebook eingebettete Kommentare. Dann kann jeder Nutzer, der bei Facebook eingeloggt ist, Kommentare abgeben und wird sogar über Facebook auf Reaktionen auf seine Kommentare hingewiesen. Es existieren einige Plugins und Anleitungen, um Ihnen bei der Integration in WordPress zu helfen, aber es gibt nichts Offizielles dazu.

Bei der Wahl eines Kommentarsystems müssen Sie eine Reihe von Faktoren berücksichtigen, darunter auch das Eigentumsrecht. Eine Frage, die Sie sich stellen sollten, ist folgende: Wenn der Dienst aufhört oder wenn Sie zu einem anderen wechseln möchten – gibt es dann die Möglichkeit, die Kommentare über einen Export oder ein Backup mitzunehmen?

5.1.1 Den Kommentarbereich gestalten

Unabhängig von der gewählten Kommentarlösung ist es immer ein Thema, die Kommentare so zu gestalten, dass sie gut lesbar sind, wofür es natürlich unzählige Methoden gibt. In diesem Abschnitt profitieren wir von der soliden Grundlage, die wir früher im Buch bereits gelegt haben. Die Gestaltung des Kommentarbereichs beinhaltet zwei Teile: die Kommentare selbst und das Kommentarformular.

Gestaltung der Kommentare

Bei der Gestaltung der Kommentare müssen Sie sich um mehrere Informationen kümmern: den Namen, die URL, Datums- und Zeitangaben, den Avatar des Benutzers und den Kommentar selbst. WordPress erzeugt die Kommentare in Form einer nummerierten Liste (`ol`), wobei jeder Kommentar ein Listenpunkt ist. Dadurch haben Entwickler die Möglichkeit, die Kommentare nummeriert anzeigen zu lassen.

> **Hinweis**
>
> WordPress verwendet seinen eigenen Dienst Gravatar für die Fotos der Kommentatoren (http://rwdwp.com/41). Normalerweise funktioniert das so: Wenn ein Nutzer möchte, dass sein Foto angezeigt wird, muss er sich einen Gravatar-Account einrichten, andernfalls wird ein allgemeines Bild angezeigt. Es gibt allerdings ein Plugin, das die Verwendung lokaler (d.h. nicht von Gravatar stammender) Bilder erlaubt: http://rwdwp.com/42.

Zu den Informationen, die dargestellt werden sollen, gehören auch verschachtelte Kommentare, Kommentare vom Administrator, vom Redakteur und vom Autor selbst. Diese können wie normale Kommentare gestaltet werden, aber wenn Sie sie besonders hervorheben wollen, müssen Sie eigene Formatierungen dafür definieren.

Beginnen wir mit ein paar grundlegenden CSS-Angaben:

```
ol.commentlist{
  margin-left: 0;
  padding-left: 0;
  }

ol.commentlist li{
  padding: 1em;
  list-style-type: none;
  border-bottom: 2px solid #FFFFFF;
  }

ol.commentlist li .vcard img{
  float: left;
  padding-right: 0.4em;
  }
```

Die oben angeführten CSS-Styles führen zu dem in Abb. 5-1 gezeigten Ergebnis.

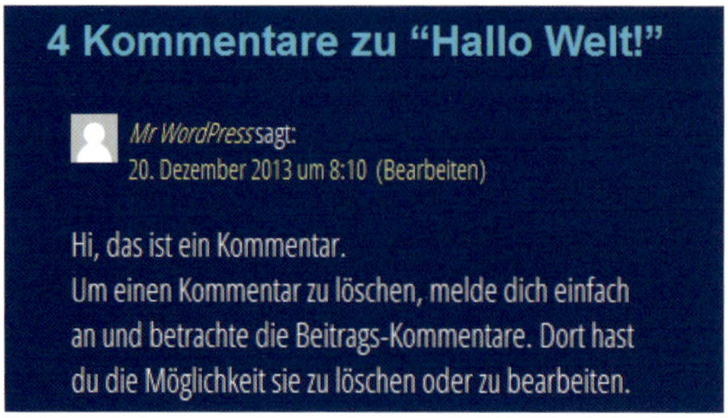

Abb. 5-1 *Hier sehen Sie, wie die Kommentare mit ein paar grundlegenden Formatierungen auf einem mobilen Gerät aussehen.*

Als Nächstes sollten wir ein paar Styles anfügen, um die Kommentare des Autors hervorzuheben, und damit die Kommentare auf kleinen Bildschirmen gut dargestellt werden.

```
ol.commentlist li.bypostauthor{
  background: #FFFFFF;
  color: #313C66;
  }

ol.commentlist li.bypostauthor a{
  color: #624A14;
  }

ol.commentlist li ul{
  margin: 0;
  padding: 0;
  }

ol.commentlist li li{
  border-bottom: 0;
  border-left: 3px solid #77A4AE;
  font-size: 1em;
  }
```

WordPress ergänzt bei den Kommentaren des Autors automatisch die Klasse `.bypostauthor`, das macht es sehr einfach, sie anders zu formatieren und hervorzuheben. Im Beispiel ändern wir den Hintergrund und die Textfarbe, damit sie anders als die anderen Kommentare aussehen.

Für Antworten setzt WordPress eine ungeordnete Liste ein (`<ul>`), von der wir als Erstes alle Innenabstände (`padding`) und Außenabstände (`margin`) entfernen. Wenn der Bildschirm größer wird, werden die Antworten eingerückt, jedoch nicht auf kleineren Bildschirmen, um Platz zu sparen. Stattdessen verwenden wir an der linken Seite einen 3 Pixel breiten Rahmen (`border`) zur Kennzeichnung einer Antwort.

Wenn noch mehr Platz zur Verfügung steht, müssen wir recht wenig tun. Wir definieren eine Maximalbreite für die Kommentarboxen, ergänzen ein bisschen mehr Einrückung für die Antworten und das ist auch schon alles.

```
@media screen and (min-width: 51em){
...
  ol.commentlist{
    max-width: 70%;
    }

  ol.commentlist li ul{
    margin-left: 2em;
    }
}
```

Es gibt nur ein paar einfache Formatierungen zur Verbesserung der Darstellung, wenn der Bildschirm des Benutzers 51em breit wird. In Abb. 5-2 sehen Sie die endgültige Variante für Breitbildschirme.

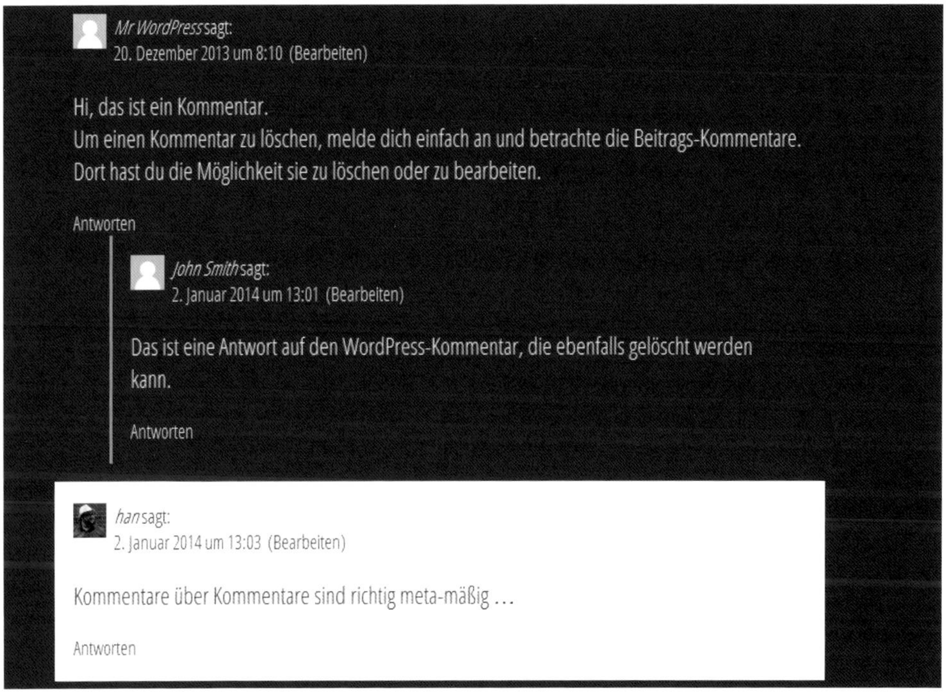

Abb. 5-2 *Der Kommentarbereich auf einem großen Bildschirm. Zu sehen ist sowohl ein Kommentar des Autors als auch eine eingerückte Antwort.*

Das Kommentarformular gestalten

Es ist wichtig, dass die Benutzer die Kommentare gut lesen können, aber noch wichtiger, dass wir es ihnen einfach machen, Kommentare zu schreiben. Im folgenden Bildschirm sehen Sie, wie das Kommentarformular ohne weitere Eingriffe aussieht (Abb. 5-3).

Abb. 5-3 *Das unformatierte Kommentarformular macht die Eingabe recht mühsam.*

Glücklicherweise lässt sich das mit ein paar Zeilen CSS anpassen.

```
form#commentform input, form#commentform textarea{
  margin: 0.4em;
  padding: 0.5em;
  font-size: 1.3em;
  border: 1px solid #CFCFCF;
  -moz-border-radius: 10px;
  -webkit-border-radius: 10px;
  border-radius: 10px;
  }

form#commentform textarea{
  max-height: 150px;
  max-width: 95%;
  }

form#commentform label{
  font-size: 1.25em;
  }
```

Hier machen wir im Wesentlichen dasselbe, was wir beim Suchfeld gemacht haben: wir vergrößern die Boxen und den Text – dadurch lässt sich das Formular leichter lesen und benutzen. Wenn die Bildschirme größer werden, müssen wir nichts tun, damit das Formular gut aussieht – dank der Defaultformatierungen, die wir vorher beim Theme ergänzt haben, und aufgrund dessen, wie WordPress die Elemente darstellt.

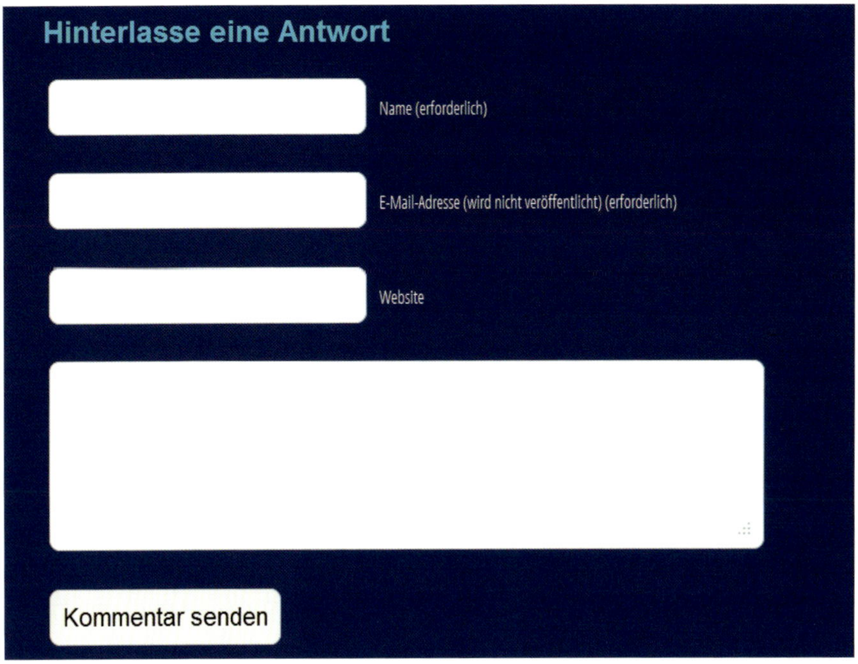

Abb. 5-4 *Das Formular bei viel verfügbarem Platz ohne irgendwelche CSS-Ergänzungen. Aufgrund unserer Defaultformatierungen im CSS-Code braucht das Formular keine weiteren Änderungen, um ordentlich zu funktionieren.*

Das Kommentarformular anpassen

Wenn Sie das Layout des Formulars über CSS hinaus anpassen möchten, so gibt es verschiedene Methoden dafür. Die Funktion, die das Kommentarformular aufruft, heißt passenderweise `comment_form()`. Sie akzeptiert mehrere Argumente, darunter ein `$fields`-Argument, das Ihnen erlaubt, die standardmäßig angezeigten Formularfelder durch eigene zu ersetzen. Ein Beispiel sehen Sie auf der Codex-Seite der Funktion unter http://rwdwp.com/43.

Außerdem können Sie Felder durch den Einsatz des `comment_form_default_fields`-Filters hinzufügen oder entfernen. Dieser verwendet eine Callback-Funktion, die Sie schreiben müssen, um das `$fields`-Array zu verändern. Dazu, wie man das und noch mehr umsetzt, gibt es eine sehr gute Anleitung unter http://rwdwp.com/44.

Jetzt, da wir uns um den CSS-Code gekümmert haben, kommen wir zu drei Dingen, die helfen, die Ladezeit und die allgemeine User Experience zu verbessern: die Paginierung, d. h. die Aufteilung von Inhalten auf mehrere Seiten, das inkrementelle Laden und eine eigene Kommentarseite.

5.1.2 Paginierung

Diese Technik ist am einfachsten umzusetzen, da Sie hierfür nur eine Einstellung im Administrationsbereich von WordPress anpassen müssen. Sie können sich entscheiden, wie viele Kommentare Sie pro Seite anzeigen lassen wollen, ob Sie Kommentare verschachteln wollen, und viele weitere Anpassungen vornehmen (Abb. 5-5).

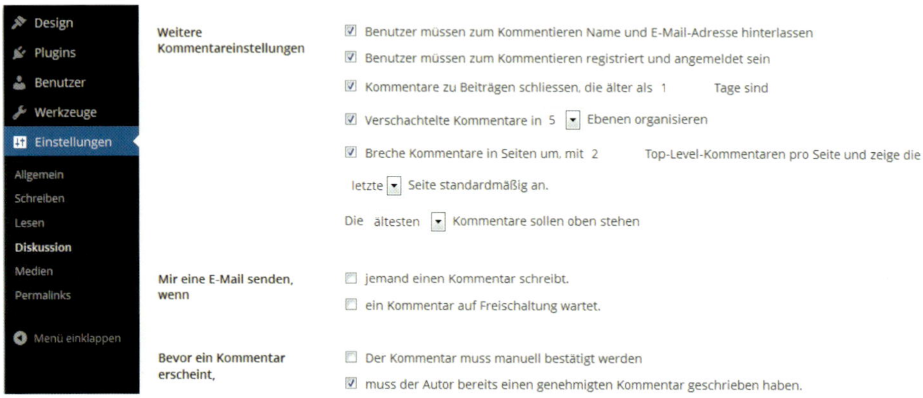

Abb. 5-5 *Im WordPress-Administrationsbereich ist direkt die Option zur Beschränkung der pro Seite anzuzeigenden Kommentare integriert.*

Für die Paginierung müssen Sie nichts weiter tun, als ein einziges Template-Tag zu ergänzen – dasselbe, das verwendet wird, um Kommentare und das Kommentarformular einzubinden:

```
<?php comments_template(); ?>
```

Das erlaubt Ihnen, die Kommentare schnell einzubauen und zum Laufen zu bringen, hat aber einen großen Nachteil: Damit die nächsten Kommentare angezeigt werden, muss die gesamte Seite noch mal geladen werden. Das ist in Ordnung, wenn der Benutzer nicht alle Kommentare lesen möchte – in diesem Fall wird nur der erste Teil der Kommentare geladen und nicht mehr. Wenn der Benutzer hingegen mehr Kommentare lesen möchte, hat er weniger Glück.

5.1.3 Inkrementelles Laden

Das größte Problem mit Kommentaren ist, dass sie nicht gut skalieren. Wenn mehr Kommentare hinzukommen, wird die Seite länger und gleichzeitig wächst auch die Dateigröße. Die Paginierung hilft hier ein bisschen. Dadurch legen Sie eine bestimmte Anzahl an Kommentaren pro Seite fest. Wenn wir allerdings die Paginierung einsetzen könnten, ohne dass die Seite zum Anzeigen weiterer Kommentare vollständig neu geladen werden muss, dann könnten wir damit die Ladezeit beim ersten Aufruf verringern. Wir würden außerdem die Bandbreite der Benutzer schonen und die weiteren Kommentare nur laden, wenn die Benutzer sie auch lesen möchten.

Es gibt ein WordPress-Plugin, das zuerst die Seite lädt und die Kommentare später. Es nennt sich AJAX Comment Loading und Sie finden es unter http://rwdwp.com/45. Das wird in vielen Fällen gut funktionieren und bewirken, dass der Hauptinhalt schneller lädt. Andererseits löst dieses Plugin nicht die anderen Probleme wie die Länge der Seite und die Bandbreite. Dafür müssen wir ein bisschen programmieren.

Zuerst müssen Sie die Anzeige der Kommentare im Theme ändern, genau genommen werden Sie die ID `#commentNav` zur Navigation hinzufügen. Dafür müssen Sie in Ihrem Theme ein neues Template namens *comments.php* hinzufügen. Hier ist der gesamte Code der Datei:

```
<?php
// Diese Zeilen nicht löschen
if (!empty($_SERVER['SCRIPT_FILENAME']) && 'comments.php' == basename($_SER-
      VER['SCRIPT_FILENAME']))
  die ('Diese Datei bitte nicht direkt aufrufen. Danke!');
if ( post_password_required() ) { ?>
  <p class="nocomments">Dieser Beitrag ist passwortgeschützt. Geben Sie das Pass-
      wort ein, um die Kommentare zu sehen.</p>
<?php
  return;
}
?>
<!-- Hier können Sie Ihre Änderungen durchführen -->

<?php if ( have_comments() ) : ?>
  <h3 id="comments"><?php comments_number('Kein Kommentar', 'Ein Kommentar',
      '% Kommentare' );?> zu &#8220;<?php the_title(); ?>&#8221;</h3>

  <ol class="commentlist">
  <?php wp_list_comments(); ?>
  </ol>

  <div id="commentNav" class="navigation group">
    <div class="alignleft"><?php previous_comments_link() ?></div>
    <div class="alignright"><?php next_comments_link() ?></div>
  </div>
  <?php else : // das wird dargestellt, wenn es keine Kommentare gibt ?>
  <?php if ( comments_open() ) : ?>
    <!-- Wenn Kommentare erlaubt sind, aber derzeit keine vorhanden. -->
   <?php else : // Kommentare sind geschlossen ?>
     <!-- Wenn Kommentare geschlossen sind. -->
    <p class="nocomments">Kommentare sind geschlossen.</p>
  <?php endif; ?>
<?php endif; ?>
<?php if ( comments_open() ) : ?>
<?php comment_form(); ?>
<?php endif; // Wenn Sie das löschen, fällt Ihnen der Himmel auf den Kopf ?>
```

Die Inline-Kommentare sollten Ihnen schon eine Vorstellung vermitteln, was geschieht; im Wesentlichen ist es Folgendes:

1. Sie verhindern den direkten Zugriff auf die Datei.
2. Sie geben die Kommentare und die Navigation aus.
3. Sie lassen das Formular anzeigen.

Tipp

Ein Weg, an Hooks, Filtern und Funktionen vorbeizukommen und trotzdem das Kommentarformular zu verändern, besteht darin, den Aufruf von `comment_form()` in *comments.php* durch Ihren eigenen Code zu ersetzen. Seien Sie dabei aber vorsichtig; diese Vorgehensweise ist eher ein Hack als ein Standardverfahren.

Der nächste (und letzte) Schritt besteht darin, bei den einzelnen Seiten ein bisschen jQuery-Code hinzuzufügen, um aus den normalen Links zur Navigation in den Kommentaren AJAX-Aufrufe zu machen.

```
function mf_ajax_comments(){
  if(is_single()){
    echo '<script type="text/javascript" charset="utf-8">
      jQuery(document).ready(function(){
          jQuery(\'#commentNav a\').live(\'click\', function(e){
          e.preventDefault();
          var link = jQuery(this).attr(\'href\');
          jQuery(\'#commentsection\').html(\'Wird geladen ...\');
          jQuery(\'#commentsection\').load(link+\' #commentsection\');
          });
      });
      </script>';
      }
}

add_action('wp_head', 'mf_ajax_comments');
```

Der Code macht Folgendes: Er gibt (sofern die Seite ein einzelner Beitrag ist) einen jQuery-Code aus, der den Hyperlink nimmt, die Datei vom Server holt und den Inhalt in dem angegebenen `div` platziert. Denken Sie daran, jQuery in Ihrem Theme einzubinden, sofern Sie es noch nicht getan haben. Das Beste an dieser Technik ist, dass sie relativ leichtgewichtig ist und dem Nutzer erspart, jedes Mal eine gesamte Seite neu zu laden.

5.1.4 Eine eigene Kommentarseite

Wenn Sie den Besuchern Zugriff auf die Kommentare ermöglichen wollen, ohne alle Kommentare auf einer Beitragsseite anzeigen zu lassen, können Sie auch eine eigene Seite rein für die Kommentare erstellen.

Obwohl WordPress das nicht von Haus aus ermöglicht, existieren glücklicherweise eine Reihe von Tools im Internet, mit denen Sie eine separate Kommentarseite zum Laufen bringen können. Dafür gibt es etwa ein Plugin bei GitHub namens wp-comments-page: http://rwdwp.com/46. Laden Sie es herunter und laden Sie dann *storm-comments-page.php* ins *plugins/*-Verzeichnis. Dann können Sie *comments-single.php* in Ihrem Theme-Ordner abspeichern.

Drei Dinge müssen Sie tun, damit das Plugin richtig funktioniert. Zuerst einmal müssen Sie es im Administrationsbereich von WordPress aktivieren. Dann müssen Sie etwas Code in Ihrem Theme ergänzen. Erstellen Sie in Ihrem Theme eine Template-Datei namens *comments-single.php*. (Sie können auch die Datei, die beim Plugin dabei ist, hochladen, müssen diese aber eventuell noch anpassen.) Das Plugin funktioniert folgendermaßen: Es registriert den Template-Namen in WordPress, sodass es auf die aktuelle Abfrage zugreifen kann, die auf der URL basiert (dazu gleich mehr). Der Code, der in die Template-Datei geschrieben werden soll, sieht so aus:

```
<?php get_header(); ?>
<div class="entry">
  <h2>Kommentare für <a href="<?php the_permalink(); ?>"><?php the_title(); ?>
      </a></h2>
  <div class="commentsection">
    <ol class="commentlist">
    <?php
      wp_list_comments('reverse_top_level=false', get_comments('post_id='.$post-
         >ID));
      comment_form();
       ?>
    </ol>
  </div>
</div>
<?php get_footer(); ?>
```

Wie Sie sehen, geschehen hier mehrere Dinge: Zuerst gibt es die `.commentsection`-Klasse, aber wichtiger ist, dass der WordPress-Code in `<ol class="commentslist">`-Tags eingefügt wird. Das brauchen wir, weil `wp_list_comments()` das umgebende Element, das `comments_template()` einschließt, nicht umfasst. Deswegen müssen wir für die richtige Formatierung der Kommentare das äußere `<ol>`-Tag ergänzen.

Jetzt haben Sie ein Template-Tag, das eine separate Kommentarseite anzeigen kann. Aber es gibt noch ein paar Besonderheiten. Zuerst einmal müssen wir per Hand einen Link auf die Seite erstellen, da `comments_popup_link()` keine Hooks oder Filter bietet. Das erreichen Sie, indem Sie im *single.php*-Template die Angabe `<?php comments_popup_link(); ?>` in `<a href="<?php the_permalink(); ?>comments/">Kommentare</a>` ändern. Das bringt uns allerdings zu einem zweiten Problem: Permalinks müssen aktiviert sein, damit das Ganze funktioniert. Das Plugin verwendet eine Rewrite-Funktion, um das *comments-single.php*-Template mit der korrekten Permalink-Struktur aufzurufen. Eine beliebige Permalink-Struktur sollte gehen.

Schließlich funktioniert diese Methode nicht in Kombination mit der Kommentar-Paginierung (zumindest nicht zu dem Zeitpunkt, als ich das Buch schrieb). Deswegen müssen Sie die Paginierung im Administrationsbereich von WordPress deaktivieren, um alle Kommentare anzeigen zu lassen. Abb. 5-6 zeigt das endgültige Ergebnis.

Abb. 5-6 *Hier sehen Sie die reine Kommentarseite in voller Breite. Weil dieselben Formatierungen wie bei den einzelnen Beitragsseiten verwendet werden, wissen wir, dass sie auch auf den mobilen Geräten richtig aussieht.*

Die Anzahl der Kommentare zu einem Einzelseitenlink hinzufügen

Ein Nachteil dieser Methode ist, dass Sie die Anzeige der Kommentaranzahl verlieren. Glücklicherweise hat WordPress eine integrierte Funktion namens `comments_number()` (oder `get_comments_number()`, wenn Sie die Anzahl nicht gleich ausgeben lassen wollen), die die Anzahl der Kommentare anzeigt. Das verwendete Format spezifizieren Sie durch die übergebenen Argumente. Anstatt per Hand die Permalinks in dem Template anzugeben, wo Sie den Link zu den Kommentaren platzieren wollen, können Sie auch eine Funktion erstellen, die gleichzeitig auch die Anzahl der Kommentare ausgibt. Beispielsweise so:

```
function mf_comments_page_link(){
  echo '<a href="'. get_permalink() . 'comments/">'. get_comments_number() .
     ' Kommentare</a>';
  }
```

Dann können Sie den statischen Link durch den Funktionsaufruf ersetzen.

5.2 Der richtige Umgang mit Archiven

Das Archiv in einem Blog ist wichtig; es gibt dem Besucher die Möglichkeit, ältere (aber hoffentlich noch immer nützliche) Inhalte zu erreichen. Archive bieten eine ganz eigenständige Art, durch eine Website zu navigieren. Und in gewisser Hinsicht ist es sogar wichtiger, dass diese Navigation gut zu nutzen ist, weil Archive schnell wachsen können. Lassen wir Millennium Flüge einmal kurz beiseite: Hier sehen Sie einen Screenshot einer Archivliste eines Blogs, den es seit ungefähr 10 Jahren gibt (Abb. 5-7).

Abb. 5-7 *Das Blog von Casabona.org (kommt der Name Ihnen nicht irgendwie bekannt vor?) hat ein Archiv, das 10 Jahre zurückreicht. Es ist wichtig, dass das Archiv gut organisiert und einfach zu benutzen ist.*

Abb. 5-7 zeigt eine Archivseite, die aus zwei Elementen besteht; zum einen aus einem Bereich für Jahreszahlen und Monate und zum anderen aus einer Tag-Wolke. Eine Tag-Wolke ist nichts anderes als eine Ansammlung von Tags (Schlagwörtern), bei der die Größe des Tags durch die Anzahl der Beiträge zu diesem Tag bestimmt wird. Das lässt sich aber noch verbessern. Es gibt mehrere Usability-Aspekte, die man bei der Erstellung von guten Archivseiten berücksichtigen sollte, besonders in Hinblick auf die mobilen Nutzer.

5.2.1 Was man für eine bessere User Experience berücksichtigen sollte

Ein guter Weg, die in Abb. 5-7 gezeigte Umsetzung zu verbessern, wäre, an zentraler Stelle eine Suchmöglichkeit nach bestimmten Inhalten hinzuzufügen, anstatt die Besucher das Datum oder das Schlagwort erraten zu lassen. Am Rande bemerkt: ich höre oft, dass Nutzer am liebsten die Suchfunktion einer Site nutzen, wenn sie nach Informationen suchen. Die Schriftgröße bei der Angabe der Jahr/Monatsliste könnte ebenfalls vergrößert werden, besonders bei der Ansicht auf mobilen Geräten. Schließlich fänden es Benutzer vielleicht ebenfalls nützlich, wenn neben Tags auch Kategorien aufgeführt wären.

Neben der eigenständigen Archivseite ist es üblich, ein nach Datum organisiertes Archiv und eine Kategorieliste in der Sidebar anzuzeigen. Für diese beiden Aufgaben bietet WordPress von Haus aus Widgets. Wichtig ist allerdings, dass Sie darauf achten, wie sich diese verhalten, wenn mehr Datumsangaben und Kategorien hinzukommen.

In diesem Abschnitt werden wir uns die Umsetzung aller vier Komponenten ansehen: Datumsangaben, Kategorien, Tags und Suchfunktionalität. Hauptaugenmerk liegt dabei zum einen auf der Anzeige für mobile Nutzer und zum anderen darauf, dass die Umsetzungen auch bei größeren Datenmengen funktionieren.

5.2.2 Nach Datum sortierte Archive

Es ist erwiesenermaßen schwierig, nach Datum sortierte Archive gut umzusetzen, weil sie ständig wachsen – zumindest so lange Sie ein Blog mit regelmäßig erscheinenden Beiträgen haben. Archive werden nach Jahr, Monat und Tag organisiert, aber meistens genügen die Auflistungen nach Jahr und Monat.

Wie das in WordPress integrierte Archiv für die Anzeige nach Datum aussieht, zeigt Abb. 5-8.

Abb. 5-8 *Der Vollständigkeit halber sehen Sie hier das Archiv-Widget, das bei WordPress direkt integriert ist.*

Standardmäßig führt das Widget alle Archive (Monat, Jahr) als ungeordnete Liste auf. Wie Sie sich sicher gut vorstellen können, bedeutet das: Je länger das Blog aktiv ist, desto länger wird die Liste, die dann einen großen Teil der Sidebar einnimmt. Die Leute, die WordPress entwickeln, haben das berücksichtigt und bieten nun eine alternative Umsetzung: Das Archiv wird als Auswahlliste und nicht als Liste dargestellt. Diese Umsetzung kennen wir schon: ich hatte sie als Alternative für die Website-Navigation für mobile Nutzer vorgestellt. Für ein Sidebar-Widget funktioniert diese Methode ganz gut, sowohl in der vollen Bildschirmbreiten-Variante als auch auf kleineren Bildschirmen und besonders bei mobilen Geräten (Abb. 5-9).

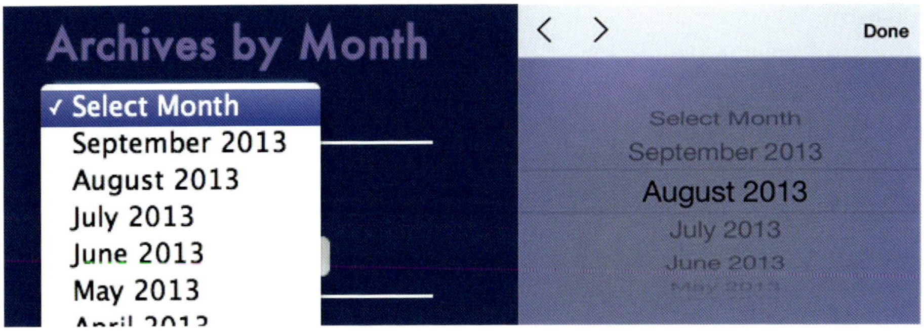

Abb. 5-9 *Archiv nach Datum als Auswahlliste. Links sehen Sie die Desktop-Ansicht/Ansicht in voller Breite. Rechts die Anzeige auf einem iOS7-Gerät, das eine besondere Darstellung von Auswahllisten bietet.*

Das funktioniert gut bei einer Sidebar, wo der Platz beschränkt ist (sowohl in der Breite als in der Höhe), aber für die Umsetzung als Hauptinhalt bzw. für die Seitenimplementierung sollten wir ein bisschen mehr Aufwand betreiben. Wenn die Archive Teil des Hauptinhalts sind, sollten sie mehr hervorgehoben werden.

Ein Blick zurück auf Abb. 5-7 zeigt, dass dort die Jahre und Monate schön als Zeilen und Spalten dargestellt werden (obwohl keine Tabellen benutzt werden). Die Benutzer sehen so leicht, in welchen Monaten es Beiträge gibt und in welchen nicht. Die Archive in diesem Beispiel verwenden ein sehr schönes Plugin namens Compact Archives (http://rwdwp.com/47), das wir ebenfalls in den folgenden Beispielen benutzen werden. Das Plugin erledigt die Hauptarbeit bei der Anzeige des Archivs. Es bietet Shortcodes, Template-Tags und mehrere Darstellungsarten. Sie können sogar das Markup vor und nach jedem Element selbst festlegen.

Tipp

Für viele Webentwickler sind Tabellen tabu. In Wirklichkeit sind Tabellen aber großartig – für tabellarische Daten. Das könnte dafür sprechen, eine Tabelle für kompakte Archive einzusetzen.

WordPress-Templates für Archive

Bevor wir in diesem Abschnitt loslegen, möchte ich darauf hinweisen, dass es zwei Arten von Templates für Archive gibt, die wir uns ansehen werden. Das unterstützte Archiv-Template, das automatisch von der WordPress-Template-Hierarchie erzeugt wird, und ein Seiten-Template, das üblicherweise *archives.php* heißt.

Theoretisch unterstützt WordPress Tausende verschiedene Archiv-Templates; alles ist möglich – von individuellen Seiten einzelner Autoren (*author-$id.php*) über Tag-Seiten (*tag-$slug.php*) bis hin zu allgemeinen *category.php*-Seiten. Es gibt allerdings eine Fallbacklösung (abgesehen von *index.php*), die für alle Archiv-Seitentypen verwendet wird, wenn es kein spezielleres Template gibt, nämlich *archive.php*. Die Informationen auf der *archive.php*-Template-Seite sind im Allgemeinen ziemlich ähnlich wie die Informationen, die auf der *index.php*-Seite angezeigt werden (wenn sie nicht sogar identisch sind). Der Hauptunterschied besteht darin, dass etwas Aufwand betrieben wird, um dem Benutzer mitzuteilen, welches Archiv er gerade betrachtet.

```
<?php if (have_posts()) : ?>
<?php $post = $posts[0]; // Hack. $post definieren, damit the_date() funktioniert. ?>
<?php /* Wenn es ein Kategorie-Archiv ist */ if (is_category()) { ?>
    <h2 class="pagetitle">Kategorie: <?php single_cat_title(); ?></h2>
<?php /* Wenn es ein Tag-Archiv ist */ } elseif( is_tag() ) { ?>
<h2 class="pagetitle">Posts mit dem Tag &#8216;<?php single_tag_title(); ?>&#8217;</h2>
<?php /* Wenn es ein Tagesarchiv ist */ } elseif (is_day()) { ?>
    <h2 class="pagetitle">Archiv <?php the_time('j. F Y'); ?> </h2>
<?php /* Wenn es ein Monatsarchiv ist */ } elseif (is_month()) { ?>
    <h2 class="pagetitle">Archiv <?php the_time('F Y'); ?> </h2>
<?php /* Wenn es ein Jahresarchiv ist */ } elseif (is_year()) { ?>
    <h2 class="pagetitle">Archiv <?php the_time('Y'); ?></h2>
<?php /* Wenn es ein Archiv eines Autors ist */ } elseif (is_author()) { ?>
<h2 class="pagetitle">Archiv eines Autors</h2>
<?php /* Wenn es ein Seitenarchiv ist */ } elseif (isset($_GET['paged']) && !emp-
      ty($_GET['paged'])) { ?>
    <h2 class="pagetitle">Blog-Archiv</h2>
<?php } ?>
<?php endif;?>
```

Im Wesentlichen nimmt dieser Code die WordPress-Abfrage, um herauszufinden, welche Beiträge zurückgegeben werden und wie sie organisiert sind. Dann wird dazu der passende Titel angezeigt.

Die URL-Abfrage von WordPress

WordPress besteht aus viel ausgefeiltem Code; ein Beispiel dafür ist die Verarbeitung der Permalinks, wobei nach Hinweisen gesucht wird, mit welchen Daten die Seite gefüllt werden soll.

WordPress macht hier Folgendes: Es wandelt eine URL (nehmen wir zum Beispiel `millenniumflights.com/2013/12/hallo-welt`) in einen Querystring um, in Abhängigkeit von der im Administrationsbereich von WordPress gewählten Permalinkstruktur. In diesem Fall nimmt es sich »hallo-welt«, das es als %post-name% gespeichert hat (die gewählte Darstellung ist dieselbe wie auf der Seite *Einstellungen/Permalinks*). WordPress überprüft dann, welche Beitrags-ID zu dem Beitragsnamen passt, und erstellt einen entsprechenden Querystring. Wenn der Beitrag die ID 1 hat, dann wird der Querystring, den WordPress verwendet, mit der integrierten Query-Funktion folgendermaßen aussehen: `query_posts('p=1')`.

Genauso funktioniert das bei jedem anderen Inhalt, der in WordPress angefordert wird.

Diese Seiten haben im Endeffekt nichts zu tun mit der Seite, die Sie in diesem Abschnitt erstellen werden. Es ist einfach eine andere Art, Beiträge anzuzeigen. Sie werden nun die *archives.php*-Seite erstellen, die streng genommen kein bekanntes Template in der WordPress-Hierarchie ist. Sie ist ein einfaches Seiten-Template (wie etwa *page-home.php*) und beginnt folgendermaßen:

```
<?php
/*
Template Name: Archives
*/
?>
<?php get_header(); ?>
```

Dieses Template endet auch mit dem normalen `<?php get_footer(); ?>`-Tag. Im Mittelteil werden Sie Dinge wie die Tag-Wolke und die Compact Archives ergänzen. Um diese Seite zu aktivieren, müssen Sie sie wie jedes andere Seiten-Template behandeln. Erstellen Sie eine neue Seite im Administrationsbereich von WordPress, vergeben Sie einen Titel und wählen Sie dann »Archives« bei der Liste der Templates rechts.

Jetzt geht es darum herauszufinden, wie man den Compact-Archives-Bereich auf der *archives.php*-Seite erstellt. Wenn Sie das Plugin installiert und aktiviert haben, ergänzen Sie Folgendes in *archives.php* unterhalb des Aufrufs von `get_header()`:

```
<div class="post">

<h2>Archiv</h2>
<ul class="compact-archives">
  <?php compact_archive('block'); ?>
</ul>
```

Das erstellt eine einfache ungeordnete Liste mit folgendem Markup:

```
<ul class="compact-archives">
<li><strong><a href="$yearLink">$year</a>:</strong>
<a href="$janLink">Jan</a> <a href="$febLink">Feb</a> ...
<a href="$decLink">Dez</a></li>
...
</ul>
```

Jeder Monat ohne Beiträge wird in `<span class="emptymonth">Monat</span>` eingefasst. Damit können wir innerhalb von *style.css* – vor allen Breakpoints – ein paar mobil-freundliche Formatierungen ergänzen:

```
ul.compact-archives{
  margin: 0.7em;
  padding: 0;
  }

ul.compact-archives li{
  list-style-type: none;
  line-height: 2em;
  margin: 0.6em;
  }
```

```
ul.compact-archives li strong{
  font-weight: bold;
  display: block;
  border-bottom: 1px solid #999999;
  }

ul.compact-archives li a, ul.compact-archives li span{
  font-size: 1.7em;
  padding: 0 0.2em;
  }

ul.compact-archives li span.emptymonth{
  color: #CFCFCF;
  }
```

Diese Angaben ergänzen passende Innenabstände (`padding`) und Schriftgrößen, damit sich die Monate leicht per Finger auswählen lassen. Außerdem werden Monate ohne Beiträge grau dargestellt. Schließlich wird `display: block` beim Jahr hinzugefügt, das innerhalb eines `<strong>`-Tags steht. Damit können wir das Jahr als Überschrift behandeln und jedes Jahr in einem eigenen Bereich platzieren – sodass sich der Benutzer einen raschen Überblick verschaffen kann. Die Ergebnisseite sieht in etwa so wie in Abb. 5-10 gezeigt aus.

Abb. 5-10 *Die Anzeige des Archivs nach Datum für die Website Millennium Flüge. Die Jahre sind deutlich zu erkennen und die Monate lassen sich einfach auswählen.*

Bei den Formatierungen für größere Bildschirme werden Sie ein paar Anpassungen beim CSS-Code machen wollen, damit das Archiv wie beabsichtigt schön und kompakt aussieht.

```
@media screen and (min-width: 34.188em){
  ul.compact-archives li strong{
    display: inline;
    border: 0;
    }

  ul.compact-archives li a, ul.compact-archives li span{
    font-size: 1.5em;
    }
}
```

Mit diesen Anpassungen befinden sich Jahr und Monat auf einer Zeile und der Text ist nicht so groß. Es gibt noch eine weitere Anpassung, die wir für größere Bildschirme machen, aber diese sparen wir uns für den Abschnitt zur Tag-Wolke auf.

Wenn Sie Platz sparen wollen, ohne dafür auf CSS zurückzugreifen, ist RESS gut geeignet, um bei Bedarf eine kompaktere Darstellung anzeigen zu lassen. Das Plugin bietet zwei weitere Darstellungsarten: »initial«, wo nur der erste Buchstabe des Monats dargestellt wird, und »numeric«, bei dem die Zahl des Monats gezeigt wird. So können Sie im *archives.php*-Template Folgendes schreiben:

```
<?php
  $view= (ISMOBILE) ? 'initial' : 'block';
  compact_archive($view);
?>
```

Mit der `ISMOBILE`-Konstante aus *functions.php* ermitteln wir, ob der Besucher ein Gerät mit einem kleinen Bildschirm nutzt, und lassen dann eine noch kompaktere Version des Archivs anzeigen.

5.2.3 Mit Tag-Wolken arbeiten

Es macht viel Spaß, mit Tag-Wolken zu arbeiten, und sie sehen nett aus. WordPress macht ihre Erstellung auch sehr einfach. Sie müssen nur die in WordPress integrierte Funktion `wp_tag_cloud()` mit ein paar Argumenten für die minimale und die maximale Größe sowie für die Einheit (px, em oder %) verwenden.

```
<h2>Tag-Wolke</h2>
<div class="tags">
  <?php wp_tag_cloud('smallest=0.9&largest=2.2&unit=em'); ?>
</div>
```

Das klappt schon mal und auf kleinen Bildschirmen sieht die Tag-Wolke auch nicht so schlecht aus (Abb. 5-11).

Abb. 5-11 *Die derzeitige Tag-Wolke auf großem Bildschirm, eingebettet rechts die Ansicht auf kleinem Bildschirm*

Für kleinere Bildschirme können Sie aber noch Verbesserungen durchführen, sodass beispielsweise die Nutzer nicht zoomen müssen, um weniger häufig verwendete Tags auszuwählen. Eine schnelle Lösung dafür wäre es, ein paar Standard-Formatierungen für das `div` mit der Klasse `.tags` zu definieren. Weil em für die Schriftgröße verwendet wird, können Sie die Schrift leicht größer machen, indem Sie eine Regel wie die folgende ergänzen:

```
.tags{
  font-size: 2em;
  }
```

Damit wird die Schriftgröße aller Elemente automatisch verdoppelt. Allerdings brauchen Sie dann vielleicht Formatierungen, um die Schriftgröße zu überschreiben, wenn die Bildschirme größer werden. Eine schöne Implementierung für kleinere Bildschirme wäre eine lange Liste von Tags mit Balken, die zeigen, wie viele Beiträge es jeweils gibt. Um das zu erreichen, müssen wir zuerst einmal die `wp_tag_cloud()`-Funktion ersetzen. Obwohl die Funktion sehr gut für die Erzeugung einer Tag-Wolke geeignet ist, ist sie doch nicht sonderlich flexibel. Stattdessen wird die folgende Funktion verwendet, die `get_tags()` einsetzt:

```
function mf_tag_cloud($args=''){
  $tags = get_tags($args);
  $html = '<ul class="wp-tag-cloud">';
  foreach ( $tags as $tag ) {
    $tag_link = get_tag_link( $tag->term_id );
    $progress= $tag->count*2;
    $html .= "<li><a href='{$tag_link}' title='{$tag->count} posts' class='{$-
        tag->slug}'>{$tag->name}</a>";
    $html .= "<progress max='100' value='{$progress}'>Anzahl: {$tag->count}</pro-
        gress></li>";
  }
  $html .= '</ul>';
  echo $html;
}
```

Diese Funktion erwartet einen Anfragestring als Argument, genauso, wie `get_tags()` ihn erwartet, und dieser wird auch direkt an `get_tags()` weitergereicht. Mit den zurückgegebenen Tags wird eine ungeordnete Liste von `progress`-Elementen erstellt, wobei die Anzahl der Beiträge für jedes Tag als `value` angegeben wird. Die Anzahl wird mit zwei multipliziert, um den Balken etwas mehr Fülle zu geben. Dann können wir den CSS-Code anwenden:

```
ul.wp-tag-cloud{
  margin: 0;
  padding: 0.3em;
  }

ul.wp-tag-cloud li{
  list-style-type: none;
  }
```

```
ul.wp-tag-cloud li a{
  display: block;
  padding: 0.4em;
  margin: 0.3em 0;
  position: absolute;
  }

progress, progress[role] {
  -moz-appearance: none;
  -webkit-appearance: none;
  appearance: none;
  border: none;
  background: #FFFFFF;
  background-size: auto;
  width: 100%;
  height: 4em;
  }

progress::-webkit-progress-bar {
  background: #FFFFFF;
  }

progress::-moz-progress-bar {
  background: #00FFFF;
  }

progress::-webkit-progress-value {
  background: #00FFFF;
  }
```

Dieser CSS-Code formatiert den Fortschrittsbalken (unter anderem auch über browserspezifische Angaben). Beachten Sie, dass die <a>-Elemente absolut positioniert werden, damit es so aussieht, als befänden sie sich innerhalb des Fortschrittsbalkens. Der letzte Schritt besteht jetzt darin, dass wir den Code in *archives.php* ersetzen:

```
<div class="tags">
<?php
    $args= "orderby=count&order=DESC&number=30";
    mf_tag_cloud($args);
?>
</div>
```

Das erzeugt einen netten (hellen!) Fortschrittsbalken, der den Benutzern deutlich die am häufigsten verwendeten Tags zeigt (Abb. 5-12).

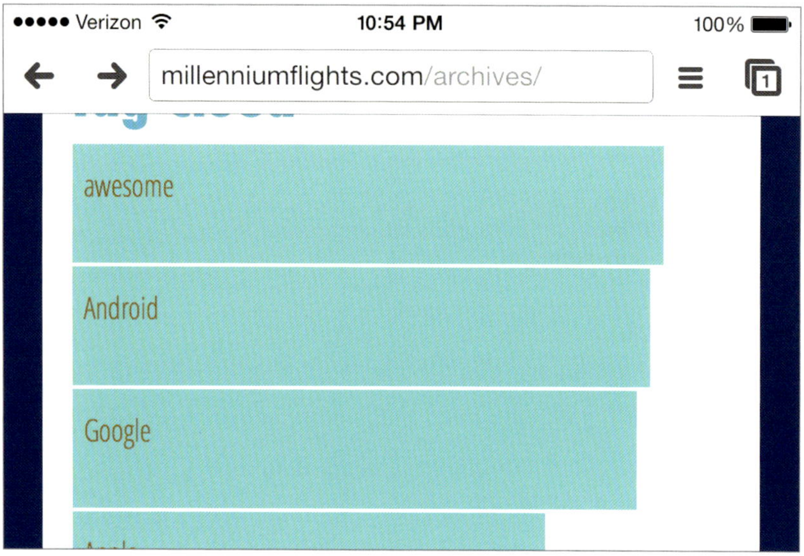

Abb. 5-12 *Der Fortschrittsbalken auf einem iPhone mit iOS7*

Diese Darstellung ist vollständig anders als die Tag-Wolke, und sie ist nur auf mobilen Geräten erwünscht; deswegen ist es am besten, zum Wechsel zwischen beiden Ansichten die `ISMOBILE`-Konstante einzusetzen, die wir in der RESS-Funktion des Themes deklariert haben. Der fertige Code für die Tag-Wolke sieht damit folgendermaßen aus:

```
<div class="tags">
<?php
    if(ISMOBILE){
      $args= "orderby=count&order=DESC&number=30";
      mf_tag_cloud($args);
    }else{
      wp_tag_cloud('smallest=0.9&largest=2.2&unit=em');
    }
  ?>
</div>
```

Hinweis

WordPress hat auch ein integriertes Widget für *Schlagwörter-Wolken*.

Jetzt, wo die Tag-Wolke wieder wie eine Wolke aussieht, sollten Sie noch etwas machen, was wir im vorherigen Abschnitt beim Archiv nach Datum bereits erwähnt hatten. Wenn die Seite groß genug ist, wäre es sinnvoll, die beiden Bereiche nebeneinander anzuordnen. Dafür brauchen Sie nur minimale CSS-Formatierungen, aber wir müssen etwas zusätzliches Markup in die *archives.php*-Template-Datei einfügen. Der Code für die Tag-Wolke ist der Vollständigkeit halber auch aufgeführt:

```
<div class="date-archives">
  <h2>Archiv</h2>
  <ul class="compact-archives">
    <?php compact_archive('block'); ?>
  </ul>
</div>

<div class="tag-archives">
  <h2>Tag-Wolke</h2>
  <div class="tags">
    <?php
      if(ISMOBILE){
        $args= "orderby=count&order=DESC&number=30";
        mf_tag_cloud($args);
      }else{
        wp_tag_cloud('smallest=0.9&largest=2.2&unit=em');
      }
    ?>
  </div>
</div>
```

Beachten Sie, dass es zwei zusätzliche Container gibt: `.date-archives` und `.tag-archives`. Diese erlauben uns, die beiden Bereiche nebeneinander anzuordnen.

```
.date-archives{
  width: 58%;
  float: left;
  margin: 0 0.6em 0 0;
  }

.tag-archives{
  width: 39%;
  float: right;
  margin: 0 0 0 0.6em;
  }
```

Bevor wir uns das endgültige Ergebnis ansehen, gibt es noch ein weiteres Element, um das wir uns kümmern müssen. Aber zuerst einmal …

Kategorien verwenden

Die Darstellung von Kategorien ist ein bisschen einfacher, weil es im Allgemeinen weniger Kategorien als Tags gibt. Wir werden uns keine vollständigen Beispiele für die verschiedenen Möglichkeiten ansehen, aber Sie können sich vorstellen, dass dasselbe zu beachten ist wie bei der Darstellung von anderen Listen: Stellen Sie zum einen sicher, dass sich die Elemente auf kleinen Bildschirmen leicht auswählen lassen, und sorgen Sie zum anderen dafür, dass der zusätzliche Platz genutzt wird, wenn der Benutzer einen größeren Bildschirm hat.

Kategorien vs. Tags

Warum gibt es weniger Kategorien als Tags? Das wissen Sie selbst vielleicht ganz genau, aber müssen es vielleicht einmal gegenüber Kunden oder anderen WordPress-Nutzern erklären. Es ist außerdem ein wichtiger Punkt, den man im Kopf haben sollte, wenn man Custom-Post-Types entwickelt.

Der Hauptunterschied zwischen den beiden ist, dass Kategorien die Beiträge nach Themen organisieren, und dass Tags als Schlagwörter dienen, um den Beitrag zu beschreiben. Wenn ein Beitrag beispielsweise über das Thema Raumfahrt geht, dann könnte die Kategorie »Freizeitbeschäftigung« sein und die Tags könnten lauten: »Weltraum, Reise, Urlaub, intergalaktisch, Sterne«.

Ganz ähnlich wie es ein Widget für die Darstellung des Archivs nach Datum gibt, gibt es auch ein Kategorie-Widget, mit dem Sie die Kategorien als Liste oder in Form einer Auswahlliste anzeigen lassen können. Vielleicht möchten Sie das auf der Archivseite verwenden. Es könnte auch sinnvoll sein, die Kategorien einfach nebeneinander ausgeben zu lassen wie bei den Compact Archives beim Datum.

5.2.4 Die Suchleiste

Bisher ist auf unserer Website das datumsbasierte und das tagbasierte Archiv schön implementiert, trotzdem ist es sehr wahrscheinlich, dass die Websitebesucher die Suche verwenden werden, wenn sie können. Deswegen ist es wichtig, dass diese auf der Archivseite gut erreichbar ist. Ergänzen Sie ganz oben auf dem *archives.php*-Template nach dem `div` mit der Klasse `.post` Folgendes:

```
<h2>Suche</h2>
<?php get_search_form(); ?>
```

Das ergänzt die Suchleiste ganz oben als allererstes. Mit den allgemeinen Formular-Formatierungen sehen das Input-Feld und der Absendebutton gut aus, aber es gibt ein `label`-Element, das nicht nur Platz verbraucht. Sie können es entfernen, indem Sie Ihr eigenes *searchform.php*-Template erstellen; dieses wird dann überall dort verwendet, wo `get_search_form()` aufgerufen wird, d.h. auch beim Suche-Widget. Hier ist die vollständige Datei:

```
<form role="search" method="get" id="searchform" action="<?php echo home_url( '/' ); ?>">
<div>
<input type="text" value="" name="s" id="s" placeholder="Suchen …" />
<input type="submit" id="searchsubmit" value="Suchen" />
</div>
</form>
```

Die Ersetzung des `label` durch ein `placeholder`-Attribut spart viel Platz, und gleichzeitig zeigen wir den Benutzern aber auch, wofür das Eingabefeld da ist. Wenn wir die Formatierungen beim Breakpoint von 34.188em angeben, haben wir ein schön anzuschauendes und für die Besucher leicht zu benutzendes Formularfeld:

```
#searchform input[type=text]{
  width: 60%;
  }
```

Weitere Verbesserungen an der Suche

Es gibt noch eine weitere Möglichkeit, die Suche etwas zu verbessern. Auf kleinen Geräten kann Tippen recht mühsam sein, besonders wenn der Benutzer viel tippen muss. Eine sinnvolle Verbesserung wäre eine Autovervollständigungsfunktion, und glücklicherweise gibt es dafür eine Reihe von Plugins.

Bevor Sie sich entscheiden, die Autovervollständigung zu implementieren, sollten Sie sich fragen, ob es sich wirklich lohnt. Es gibt ein jQuery-Plugin, das verwendet wird, um die Begriffe zu erzeugen und die Vervollständigung durchzuführen. Haben die Vorteile des Plugins größeres Gewicht als der Nachteil, dass die Benutzer noch mehr JavaScript-Code herunterladen müssen? Wie viele jQuery-Plugins sind zu viele? In diesem Fall würde ich argumentieren, dass es von Vorteil ist, das Plugin hinzuzufügen, weil die Datei nicht so umfangreich ist und die User Experience wesentlich verbessert wird. Die meisten Besucher haben bereits jQuery von irgendwo heruntergeladen. Wenn Sie jQuery richtig einbinden, bedeutet das, dass der Benutzer es bereits in seinem Browsercache hat. Es geht wirklich nur darum, ein kleines bisschen Code mehr herunterzuladen. Außerdem hat jQuery 1.10 viele Fortschritte in puncto Optimierung gemacht. Aber natürlich kommt es auf den Einzelfall an.

Die beiden populärsten Plugins sind SearchAutocomplete (http://rwdwp.com/48) und Autocompleter, obwohl es schon zwei Jahre alt ist. Wenn Sie selbst einen Versuch unternehmen und Ihr eigenes Plugin schreiben wollen, so finden Sie bei WPTuts+ unter http://rwdwp.com/49 eine gute Anleitung.

Und die Suchergebnisse?

In der WordPress-Gemeinschaft herrschte lange Zeit das Gefühl vor, dass die integrierte WordPress-Suche vollkommen ungenügend ist (manche sagen sogar, sie sei grottenschlecht). In WordPress 3.7, das zu dem Zeitpunkt erschien, als dieses Buch geschrieben wurde, wurde die Suche wesentlich verbessert. In dieser Version geht WordPress besser mit mehreren Suchwörtern um, und die Anordnung der Suchergebnisse ist ebenfalls verbessert. Bei WooThemes finden Sie einen schönen Beitrag über die neue Suche und Version 3.7 im Allgemeinen: http://rwdwp.com/50.

5.2.5 Der richtige Umgang mit Plugins

Wie Sie an diesem Kapitel vielleicht bemerkt haben, sind Plugins ein wesentlicher Teil von WordPress. Sie erlauben es Benutzern und Entwicklern gleichermaßen, die Kernfunktionalität zu erweitern und sie erledigen – in vielen Fällen – die Hauptarbeit für uns. Das ist fantastisch, trotzdem sollten wir ein paar Dinge bei der Auswahl von Plugins beim RWD bedenken.

Dateien laden

Für die Entwicklung von Plugins gibt es eine Reihe von Richtlinien (http://rwdwp.com/51). Außerdem wird der Code von WordPress-Plugins, die ins offizielle Verzeichnis eingereicht werden, überprüft; allerdings werden spätere Updates nicht kontrolliert. Das bedeutet, dass Entwickler und Benutzer vor der Verwendung von Plugins grundlegende Arbeiten verrichten müssen, d. h. Besprechungen lesen, Tests durchführen und – sofern möglich – den Code überprüfen. Die größte Gefahr, die von Plugins für ein gutes responsives Webdesign ausgeht, ist, dass zu viele oder die falschen Dateien geladen werden.

Hinweis

Da Plugins nach ihrer ersten Einreichung nicht mehr überprüft werden, kann es passieren, dass Entwickler später schlechten Code hinzufügen. Die WordPress-Gemeinschaft ist gut im Beheben solcher Probleme, aber wie immer ist es am besten, vorsichtig zu sein.

Als ich beispielsweise die AJAX-Kommentar-Plugins für dieses Kapitel durchforstete, gab es viele Kandidaten, die entweder die JavaScript-Datei nicht auf die empfohlene Weise einbanden oder eine alte Version von jQuery luden. Beide Fälle können nicht nur zu Konflikten führen, sondern auch bewirken, dass der Benutzer wesentlich mehr herunterlädt, als er eigentlich braucht. Genauso verhält es sich auch bei CSS.

Zumindest sollte ein Plugin eine Option im Theme bereitstellen, die Defaultstyles einzubinden oder nicht. Vielleicht haben Sie als Entwickler auch Ihren eigenen CSS-Code definiert, um die Plugin-Elemente zu formatieren. Wenn Sie dann den CSS-Code des Plugins laden, überschreibt das nicht nur Ihre Formatierungen, sondern bläht die Seite zudem unnötig auf. Darauf sollten Sie ebenfalls bei der Auswahl von Plugins achten.

Hinweis

Die meisten Plugins sollten wirklich nicht mehr als ein Stylesheet laden (obwohl sie ein zusätzliches, rein für den Administrationsbereich laden können). Achten Sie auf unnötige CSS-Regeln und auf solche, die Ihren eigenen CSS-Code überschreiben könnten.

Die richtigen Programmierkonventionen

Im Codex finden sich auch ein paar Programmierkonventionen und Vorschläge für die Plugin-Entwicklung (http://rwdwp.com/52). Obwohl das nicht direkt im Zusammenhang mit RWD steht, kann es doch einen großen Unterschied machen, ob Plugins sauber programmiert sind oder nicht.

Abgesehen vom korrekten Laden von Dateien ist es auch sehr wichtig für Plugins, dass sie das richtige Markup verwenden – gleichzeitig aber so wenig Markup wie möglich und zudem nur breit unterstütztes Markup. Im Idealfall sollten Sie davon ausgehen können, dass Plugins und Themes in den wichtigsten Browsern gut funktionieren, aber Sie sollten das immer mit Tests überprüfen.

Schließlich wird ein gutes Plugin CSS-Klassen (Klassen, *nicht* IDs) jeglichem HTML-Code hinzufügen, den es erzeugt. Das erlaubt es Ihnen als Entwickler, beliebige CSS-Formatierungen anzuwenden. Es mag sein, dass das nicht immer möglich ist. Beispielsweise sind Inhalts-Slider im Allgemeinen recht abhängig von den vorgegebenen Formatierungen – aber trotzdem sollte der Plugin-Entwickler es so gut wie möglich versuchen und außerdem sicherstellen, dass seine Überlegungen klar dokumentiert sind.

Natürlich ist auch klar, dass es furchtbar viel Zeit brauchen würde, wenn Sie jedes Plugin, das Sie sich ansehen, genauestens unter die Lupe nähmen. Aber sicher schadet es nichts, beim Einsatz von Plugins Performance- und Browsertests durchzuführen. Wenn Sie Probleme finden und diese an die Entwickler melden, beschert uns das allen bessere Plugins.

Ihr Design richtig testen

Eine responsive Website zu testen, kann eine mühsame Angelegenheit sein. Während es früher genügte, auf einer kleinen Anzahl von Computern und einer Handvoll Browsern zu testen, gibt es jetzt unzählige Geräte und Browser zum Testen. Wir werden uns mit diesem Thema genauer in Kapitel 6 beschäftigen, aber hier schon einmal ein paar Hinweise dazu.

Das Wesentliche ist: Zusätzlich zu den Tests auf Desktoprechnern sollten Sie auf einer großen Anzahl an Geräten testen (dazu gehören auch einige Android- und iOS-Geräte, es genügt nicht, hier nur ein oder zwei auszuwählen) und in mehreren verbreiteten mobilen Browsern. Dazu zählen die Standardbrowser, aber auch Chrome, Opera, Opera Mini und Dolphin. Außerdem ist es wichtig, die Ladegeschwindigkeit zu testen. Testen Sie bei gutem WLAN, bei schlechtem, bei 4G, 3G und EDGE, wenn Sie es finden.

Das ist natürlich ganz schön viel Arbeit für einen Einzelnen. Aber auch hier gibt es Lösungen. Eine besteht darin, einen »privaten« Beta-Test durchzuführen, indem man einen Link an Familie und an echte sowie virtuelle Freunde schickt, damit sie Tests durchführen. Außerdem schießen die Open Device Labs wie Pilze aus dem Boden. Diese ermöglichen es, an einem Ort auf mehreren Geräten zu testen – http://rwdwp.com/53.

5.3 Zusammenfassung

In diesem und im vorigen Kapitel haben wir viel Code und Techniken behandelt, um ein WordPress-Theme responsiv zu machen; gleichzeitig haben wir aber auch von den Tools profitiert, die WordPress von Haus aus bietet. RWD und WordPress entwickeln sich ständig weiter (es besteht kein Zweifel daran, dass es schon eine neue Version von WordPress gibt, wenn dieses Buch erscheint!), deswegen ist es wichtig, bei den neuen Entwicklungen auf dem Laufenden zu bleiben.

Wenn Sie den im Buch dargestellten Prinzipien folgen und wenn Sie diese auf die vorgestellten und weitere Techniken anwenden, dann sollte das eine solide Basis für Ihre Arbeit sein. Es gibt unzählige andere Implementierungen – machen Sie Ihre eigenen Versuche und schauen Sie, was dabei herauskommt!

Im nächsten Kapitel entfernen wir uns einen kleinen Schritt vom RWD und reden über die Wiederverwendung von Software, Frameworks u.Ä. Diese Prinzipien können Sie dann auf Ihre responsiven Websites anwenden.

WordPress updaten

WordPress hat einen recht aggressiven Release-Zyklus, es gibt zwei bis drei Mal pro Jahr neue Major-Releases und dazwischen häufig kleinere Versionssprünge (die Punkt-Releases genannt werden), um Fehler zu beheben und Sicherheitspatches bereitzustellen.

Es ist äußerst wichtig, dass Sie Ihre WordPress-Installation aktuell halten, besonders bei den Punkt-Releases; denn ein Sicherheitspatch, der eingespielt werden muss, kann Ihnen viele Kopfschmerzen ersparen.

Seit Version 3.7 führt WordPress die Updates bei den Punkt-Releases automatisch durch, außer Sie oder Ihr Webhoster haben es anders eingestellt. Es ist ratsam, dieses Feature aktiviert zu lassen, weil es sich hierbei wirklich nur um Fehlerbehebungen und Sicherheitspatches handelt. Bei diesen Updates sollte es keine Probleme mit bestehendem Code geben.

5.3.1 Fragen

1. Welche drei Möglichkeiten zur Behandlung von Kommentaren eignen sich fürs responsive Webdesign?
2. Warum ist eventuell eine optisch modifizierte Umsetzung von Tag-Wolken für mobile Geräte besser?
3. Warum ist die Suchleiste ein wichtiges Element auf der Archivseite?
4. Warum ist es wichtig, Plugins zu überprüfen und zu testen?

5.3.2 Antworten

1. Paginierung, inkrementelles Laden und eine separate Kommentarseite
2. Sie bietet mobilen Besuchern, die vielleicht ihrem Gerät gerade nicht die volle Aufmerksamkeit widmen, eine bessere User Experience.
3. Das ist wahrscheinlich die Stelle, wo die Benutzer zuerst hingehen, besonders wenn sie auf der Suche nach bestimmten Inhalten sind.
4. Wenn Plugins nicht sauber programmiert sind oder wenn sie etwas tun, das nicht zum responsiven Webdesign passt, führt das zu einer schlechten User Experience.

6 Responsive Theme-Frameworks

Ein in diesem Buch – und bei der WordPress-Entwicklung im Allgemeinen – immer wieder vorkommendes Thema ist die sogenannte Trennung der Belange (*separation of concerns*). Der Gedanke dahinter ist, dass ein Computerprogramm (oder auch eine Website oder eine App) in Komponenten aufgeteilt werden sollte, die jede für sich eine bestimmte Aufgabe haben. WordPress setzt diese Idee dadurch um, dass Funktionalität, Inhalt und Darstellung voneinander getrennt werden. Das ermöglicht es Benutzern, leicht das Theme – das Aussehen – zu ändern oder Funktionen hinzuzufügen oder zu entfernen usw. Codekomponenten so allgemein zu erstellen, dass sie in verschiedenen Programmen eingesetzt werden können, entspricht dem in der Programmierung oft anzutreffenden Prinzip der Wiederverwendung. Wenn Sie einmal Code von einer Website kopiert und in eine andere eingefügt haben, haben Sie Software-Wiederverwendung praktiziert. Das ist aus mehreren Gründen sehr wichtig bei der Programmierung: Es vereinfacht Tests, spart Zeit und erlaubt die Konzentration auf fortgeschrittene Funktionen usw. Wiederverwendung von Code gehört zu den wichtigsten Dingen, die ich bei meinem Masterstudium an der University of Scranton gelernt habe und die mir ein effektives Arbeiten als Webentwickler überhaupt erst ermöglichen.

6.1 Einige Prinzipien der Wiederverwendung, die Sie sich merken sollten

Jeder, der eine richtige Ausbildung in Informatik oder Softwareentwicklung hat, wird bestätigen, dass es unzählige Theorien, Bibliotheken und Kurse (Programmierkurse, nicht theoretische Kurse) gibt, die sich mit fortgeschrittenen Formen der Wiederverwendung und Programmierung im Allgemeinen beschäftigen. Ganze Bücher widmen sich diesen Konzepten, deswegen werde ich sie nicht wiederholen. Aber es gibt ein paar Prinzipien, die ich bei der Wiederverwendung berücksichtige:

- **Entwerfen Sie Ihren Code**: Bei WordPress bedeutet Entwurf üblicherweise die Frontend-Gestaltung; aber es ist auch wichtig, den Code richtig zu gestalten und zu entwerfen. Planen Sie, was Ihre Funktionen, Klassen und Seiten tun sollen, bevor

Sie anfangen, sie zu programmieren. Vergewissern Sie sich, dass Sie die Aufgabenteilung im Hinterkopf haben, und dass einzelne Funktionen nur jeweils eine Sache machen. Außerdem sollten Sie Abhängigkeiten und Kopplung minimieren.

- **Verallgemeinern Sie, wenn es möglich ist**: Vielleicht ist das Wichtigste, zu erkennen, wann Sie Codeschnipsel wiederverwenden, verallgemeinern und in Funktionen auslagern. Das macht es Ihnen wesentlich einfacher, Ihren Code zu verwalten und zu verändern.
- **Dokumentieren und testen Sie durchgehend**: Das sollten Sie mit jeglichem Code machen, aber besonders bei Code, den Sie mehrmals verwenden möchten. Die Dokumentation hilft Ihnen dabei, sich später zu erinnern, was Sie vor sechs Monaten oder vor einem Jahr gedacht haben. Durch Tests stellen Sie sicher, dass Ihr Code funktioniert – bevor Sie ihn 5, 10, 100 oder 1.000-mal einsetzen.

Strategien für die Wiederverwendung

Im Allgemeinen besteht die Wiederverwendung von Code darin, dass Sie Klassen/Objekte erstellen und verbinden; wobei jede Klasse ein (und nur ein) Problem löst. Außerdem gibt es die Idee von Entwurfsmustern, die definiert sind als »formalisierte Entwurfspraxis«. Im Wesentlichen sind dies Codeteile, die Code auf die Schnelle erzeugen, und ein Herzstück der Wiederverwendung. Entwurfsmuster sind nicht Thema dieses Buches, aber wenn Sie mehr darüber erfahren wollen, gibt es das Buch *Entwurfsmuster: Elemente wiederverwendbarer objektorientierter Software* von Erich Gamma und seinen Kollegen (nur noch gebraucht erhältlich).

Diese Prinzipien setzen voraus, dass Sie wissen, was Sie programmieren wollen. Bei einem Kundenprojekt sollten die Kunden ihre Vorstellungen über ein Pflichtenheft oder eine Ausschreibung spezifizieren. Es ist genauso wichtig, dass Sie die Anforderungen kennen, wenn Sie etwas für sich selbst programmieren. Das wird Ihnen auch ermöglichen, sich an die oben angeführten Prinzipien zu halten.

6.1.1 Gerätetests

Bis jetzt haben wir uns immer auf Entwicklungstechniken konzentriert. Eines der wichtigsten Dinge beim responsiven Webdesign ist aber, dass es nicht reicht, wenn Ihr Design bei kleinem Browserfenster schmaler wird. Sie setzen ja wahrscheinlich RWD ein, weil Ihre Besucher Ihre Website mit mobilen Geräten ansehen. Deswegen **müssen Sie Gerätetests durchführen!** Ich zeige Ihnen nachfolgend, was Sie tun müssen, um eine responsive Site richtig auf Geräten zu testen.

Das Testen kann schwierig sein, da Sie nicht ausreichend Geräte zur Verfügung haben werden. Vielleicht sind Sie in der glücklichen Lage, dass sich ein Open Device Lab in Ihrer Nähe befindet (http://rwdwp.com/53). Wenn das nicht der Fall ist, sollten Sie alles tun, um die Website auf so vielen Geräten wie möglich zu testen. Wenn Sie eine Agentur oder Firma haben, die sich ihrer RWD-Fähigkeiten rühmt, dann müssen Sie einfach losziehen und das Geld für die Geräte ausgeben. RWD ist mehr als ein Modewort und Sie sollten es ernsthaft betreiben.

Hier finden Sie eine Liste von Geräten, auf denen Sie unbedingt testen sollten. Ich versuche diese Liste so allgemein wie möglich zu halten, weil sich die Gerätelandschaft ständig ändert.

- Die aktuelle und die vorherige Generation des iPhones (mit zumindest den beiden neuesten iOS-Versionen)
- Ein iPad in jeder Größe (mit zumindest den beiden neuesten iOS-Versionen)
- Android 4.0+ Smartphones: das neueste Nexus, das neueste Samsung Galaxy Note, das neueste Samsung Galaxy-S-Smartphone, das HTC Droid Incredible, das HTC Droid DNA oder Razor Maxx und das neueste Motorola-Smartphone
- Smartphones mit Android < 4.0: Motorola Droid X, HTC Evo 4G
- Android-Tablets: Nexus 7 und 10, Samsung Galaxy Note (10 Zoll), Galaxy Tab (8,9 Zoll), Kindle Fire und ein Tablet mit Honeycomb (3.0)
- Zumindest ein Blackberry (Q10, Z10)
- Zumindest ein Windows Phone (Noka Lumia, HTC 8x)
- Zum Spaß: ein Kindle oder ein anderer Ebook-Reader

Natürlich müssen Sie die Geräteauswahl nach Ihrem Ermessen und basierend auf Ihren eigenen Statistiken treffen. Wenn 0% Ihrer Besucher Gingerbread verwenden, dann sind Smartphones mit Android vor Version 4.0 vielleicht kein Thema für Sie. Die Liste für die Android-Geräte, auf denen man testen soll, basiert auf einer raschen Statistiksuche. Berücksichtigt wurden außerdem die auf der Website Livehacker häufigsten Smartphones gemäß der Google-eigenen Statistik, die Sie auf der Android-Dashboard-Seite sehen können (http://rwdwp.com/54) (Abb. 6-1).

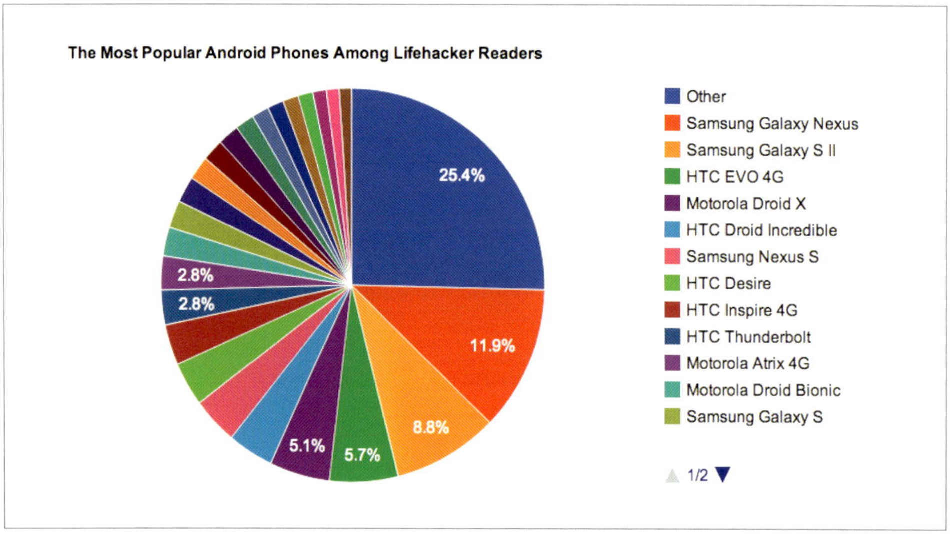

Abb. 6-1 *Die populärsten Android-Geräte bei den Livehacker-Besuchern Mitte 2013 (http://rwdwp.com/55)*

Ich verstehe, dass es schwierig sein kann, so viele Geräte zu erwerben. Glücklicherweise gibt es eine Anleitung von Brad Frost, wie Sie günstig echte Geräte zum Testen bekommen (http://rwdwp.com/56). Sie können auch Swappa (http://rwdwp.com/57) für gebrauchte Geräte ausprobieren.

Browsertests

Wahrscheinlich nichts Neues für Sie: Aufgrund der großen Anzahl an neuen Geräten lohnt es sich, die folgenden Browser zu berücksichtigen:

- Die nativen Browser der Geräte (z.B. Safari oder den »Browser« von Android)
- Chrome auf Android und iOS
- Opera Mobile
- Dolphin
- Mobiler Firefox

Testen Sie auf jeden Fall auch auf dem IE8, 9 und 10! Wenn Sie einen Mobile-First-Ansatz verfolgen, denken Sie daran, dass der IE8 keine Media Queries unterstützt. Beim RWD sind allerdings Gerätetests nur ein Aspekt. Außerdem müssen Sie die Geschwindigkeit berücksichtigen.

Geschwindigkeitstests

Sie können nicht davon ausgehen, dass jeder eine 70 mBit/s-Verbindung hat (das ist für mich an der University of Scranton wirklich die maximale Geschwindigkeit). Es kann sein, dass Leute eine Verbindung mit 1 mBit/s haben und das ist schrecklich, wenn Ihre Site groß ist. Ich würde Ihnen folgende Verbindungen für Tests vorschlagen:

- Breitband (LAN oder WLAN)
- 4G (bei unterschiedlichen Anbietern, wenn möglich)
- 3G (bei unterschiedlichen Anbietern, wenn möglich)
- 4G und 3G unterwegs

Ich weiß, dass das mühsam ist und viel Arbeit bedeutet, und – zugegebenermaßen – war ich diesbezüglich auch nicht immer so gewissenhaft, wie ich es sein sollte. Es gibt aber trotzdem Wege, diese Tests durchzuführen, ohne dass Sie sich ruinieren müssen. Neben den Vorschlägen von Brad Frost können Sie auch Dinge wie offene oder geschlossene Beta-Tests machen, bei denen Sie Leute mit verschiedenen Geräten und verschiedenen Verbindungen einladen, auf ihren Geräten zu testen und zu berichten. Normalerweise testen meine Freunde und Kollegen meine Designs für mich. Oder Sie können natürlich auch ein Open Device-Lab eröffnen.

Jetzt, nach dem Testen, widmen wir uns dem nächsten Thema – der Definition der eigenen Anforderungen.

Dienste für Geräte- und Browsertests

Diese ganzen Geräte- und Browsertests durchzuführen, erscheint mühsam, aber es gibt einige Tools, die Ihnen dabei helfen können. Um gleichzeitig automatisiert auf mehreren Geräten zu testen, gibt es zwei Apps, die Sie herunterladen können und die sich in Ihren Browsern und Ihre Geräte einklinken, um dieselbe Website auf jedem Gerät zugleich anzuzeigen. Die Erste nennt sich Adobe Edge Inspect (http://rwdwp.com/58): Sie erlaubt es Ihnen dieselbe Webseite auf mehreren Geräten anzusehen, Screenshots zu machen, remote den Code zu untersuchen etc. Die Zweite ist Ghostlab (http://rwdwp.com/59), das viele Funktionen von Edge Inspect etwas günstiger bietet.

Was die Browser anbelangt: Da brauchen Sie nicht die Geräte, um die Browsertests durchzuführen. Es gibt eine Reihe von Online-Diensten, die Ihnen Browserscreenshots anfertigen. Den ersten Dienst gibt es schon seit einer ganzen Weile und er heißt Browsershots (http://rwdwp.com/60). Der Dienst ist vollkommen kostenlos, hat aber nur einen beschränkten Funktionsumfang. Wenn Sie einen Dienst mit etwas Funktionalität brauchen, so können Sie BrowserStack (http://rwdwp.com/61) ausprobieren. Der Dienst ist etwas teurer, aber Sie bekommen dafür eine Menge sehr guter Funktionen, darunter Live-Tests, Screenshots und eine Automatisierung für Hunderte von Browsern.

6.1.2 Definieren Sie Ihre Anforderungen

Als mir klar wurde, dass ich ein Theme immer und immer wieder einsetze und dieselben Dinge immer und immer wieder teste, habe ich ein wichtiges Stück Code erstellt: ein Theme-Framework, das ich für all meine Projekte verwende. Nachfolgend sehen Sie den Entscheidungsprozess, der mich dazu führte, ein solches zu erstellen. Ich empfehle Ihnen, genau zu überlegen, was Sie von Ihrem eigenen Framework erwarten.

Das Erste, was Sie definieren müssen, ist, was Ihr Framework genau machen soll. Denken Sie daran, dass jeder von uns seine eigenen Anforderungen hat. Ich rede hier über meine Anforderungen, Ihre können ganz anders aussehen. Meine Anforderungen waren zu Beginn ganz einfach: Ich wollte ein einfaches Framework, das die Anfangsarbeiten für mich erledigt.

Bei der Erstellung von WordPress-Themes für verschiedene Kunden bemerkte ich, dass der Ablauf am Anfang immer derselbe war: K2 (das Standardtheme zu dieser Zeit) kopieren, die Dinge entfernen, die ich nicht brauche, und durch meinen eigenen Code ersetzen. Große Teile meines Codes waren auch immer gleich: derselbe CSS-Reset, dieselbe CSS-Struktur, derselbe Header im Stylesheet, die Navigation und so weiter. Nach einer Weile fand ich es einfacher, das Theme zu kopieren, das ich für meinen letzten Kunden erstellt hatte, und dieses als Basis zu nehmen. In diesem Moment entschied ich mich, mein eigenes Framework zu erstellen.

Danach musste ich meine Anforderungen definieren. Was tat ich immer wieder und wo konnte ich verallgemeinern? Meine Anforderungsliste sah folgendermaßen aus:

- **Leicht kombinierbare CSS-Komponenten:** Es gibt mehrere Teile in meinem CSS-Code, die sich selten ändern. Dazu gehören die WordPress-Klassendefinitionen, mein CSS-Reset und manche allgemeine Klassen, die ich verwende (etwa `.hide`, `.left`, `.right` und `.clear`) sowie (normalerweise) meine Nachbesserungen für den IE. Wenn ich das verallgemeinere, dann muss ich diesen Code nur in *style.css* einfügen und weiß, dass alles richtig funktioniert. Das würde mir die Möglichkeit eröffnen, mich mehr auf die Hauptarbeit (und cooleren Dinge) zu konzentrieren, anstatt mich um Schriftgrößen, Innenabstände usw. zu kümmern.
- **Konstanten für die Theme-URL und für Bildpfade:** Diese beiden Konstanten brauche ich bei jedem Theme. Ich konnte sie gut irgendwo definieren, sodass ich mich nicht darum kümmern muss, die URLs bei jeder Site, die ich erstelle, zu ersetzen.
- **Grundlegende WordPress-Funktionalität:** Dazu gehören die Menüs, die Definitionen für die Sidebar und alles andere, von dem ich annehme, dass ich es immer und immer wieder schreiben werde.
- **Allgemeine Template-Seiten:** Das sind gängige Template-Dateien (*header*, *footer*, *index*), die genügend beinhalten, um nützlich zu sein, aber auch nicht zu viel, damit ich nicht das Theme jedes Mal verändern muss, wenn ich ein neues entwickle.
- **Allgemeine Ordner:** Ich benutze immer einen Ordner für die Bilder, einen weiteren für die CSS-Dateien und einen *css/img*-Ordner. Diese sollte ich auch ergänzen.

- **Leichtgewichtig:** Alles sollte leichtgewichtig sein. Ich will mich nicht durch mehrere Seiten von Code quälen, um das zu finden, was ich gerade suche. Der Gedanke dabei ist: WordPress ist selbst ein komplexes Framework. Warum sollte ich ein zweites komplexes Framework darauf basierend erstellen?

Außerdem wollte ich ein paar Funktionen für Features für mehrere Seiten erstellen, wie die »Seite nicht gefunden«-Meldung oder die Navigation durch Beiträge. Der Grundgedanke dahinter ist, dass sich über eine einzelne Funktion schneller Features für mehrere Seiten ändern lassen.

Die Entwicklung des Frameworks

Seitdem ich vor mehr als vier Jahren zum ersten Mal meine Anforderungen an das Framework formuliert habe, haben sie sich geändert und weiterentwickelt (was sie auch sollten). Das ist eine weitere Lektion bei der Wiederverwendung: Aktualisierungen und Iterationen sind wichtig! Nichts ist fehlerfrei, und es ist wichtig, die Dinge auf dem aktuellen Stand zu halten. Im Lauf der letzten vier Jahre habe ich mein Framework in zahlreichen Projekten verwendet und das hat mich dazu gebracht, Probleme beim Markup zu beheben, Optimierungen durchzuführen und noch besser zu verallgemeinern. Bei der ersten Version des Frameworks habe ich noch nicht mal HTML5 verwendet. Inzwischen ist es ganz responsiv und die Standardschrift ist mein Favorit von Googles Web Fonts (http://rwdwp.com/62). Die größten Veränderungen betreffen die Datei *functions.php*. Ich habe eine Reihe von Funktionen hinzugefügt, die die Themen in diesem Buch abdecken.

Ich habe auch bessere Debugging-Techniken gelernt, darunter einige sehr schöne Ausgaben mit `print` und die Konstante `WP_DEBUG`, die für die Anzeige von Fehlern sorgt, wenn sie auf `true` gesetzt ist. Sie informiert Sie über PHP-Fehler, Datenbankfehler oder auch wenn eine Funktion in WordPress nicht mehr verwendet werden soll (oder nicht mehr verwendet wird). Um diese Funktionalität zu aktivieren, öffnen Sie die Datei *wp-config.php* (im Haupt-WordPress-Ordner) und ergänzen die folgende Zeile:

```
define( 'WP_DEBUG', true );
```

Es ist wichtig, dies nur bei der Entwicklung mit WordPress zu nutzen. Sie wollen schließlich nicht, dass die Benutzer Fehler sehen, das würde sie irritieren und außerdem wäre es ein großes Sicherheitsrisiko.

Fazit: Wenn Sie irgendeine Art von wiederverwendbarer Software erstellen (oder jede Art von Software überhaupt), ist sie nie fertig. Sie kann immer weiterentwickelt werden.

Testen bei WordPress

Wie in Kapitel 5 erwähnt, gibt es mehrmals im Jahr Major-Releases für WordPress. Die kleineren Punkt-Releases beinhalten meistens Sicherheitspatches, die nicht getestet werden müssen, bevor man sie anwendet (obwohl ein Backup auch hier nicht schadet). Bei Major-Releases hingegen müssen Sie Themes oder Plugins, die Sie entwickelt haben, unbedingt testen. Eine neue Version bietet den Entwicklern meist eine Vorbereitungszeit von einem Monat für Tests mit den Beta-Versionen und Release-Candidates (RCs), die extra für diesen Zweck veröffentlicht werden. Es gibt ein sehr gutes Plugin namens Beta Tester (http://rwdwp.com/63), das es Ihnen erlaubt, einfach Beta-Versionen und Nightly-Releases von WordPress zu testen. Sie sollten es aber nur in Test-/Entwicklungsumgebungen einsetzen.

Sehen Sie sich an, was es bereits gibt

Das Fantastische an Open-Source-Software und besonders an WordPress ist die große Entwicklergemeinde, die an richtig guten Themes, Plugins und am WordPress-Kern arbeitet. Deswegen gibt es fast immer schon etwas, das Ihre Anforderungen erfüllt (oder zumindest etwas, das Sie als Ausgangsbasis nehmen können). Bevor Sie anfangen, Ihre eigene Lösung zu programmieren (worüber ich in verschiedenen Tutorials geschrieben habe), lohnt es sich anzusehen, was es bereits gibt.

Um das zu tun, nehmen Sie Ihre Anforderungsliste und vergleichen diese mit den Funktionen, die das Tool bietet, das Sie sich ansehen. Es gibt übrigens eine Eigenschaft, die ich nicht in meiner Liste aufgeführt habe, die bei der Suche aber eine wichtige Rolle spielen wird: Das Tool muss responsiv sein.

Wie Sie es vielleicht schon vermutet haben: In diesem Kapitel sehen Sie sich verschiedene responsive Frameworks für WordPress an. In vielen Fällen ist es besser, ein beliebtes Framework zu benutzen, als das selbst erstellte, weil es mehr verwendet und deswegen besser getestet wird, als Sie es bei Ihrem eigenen tun könnten.

6.2 WordPress-Frameworks

In diesem Kapitel sehen wir uns eine Reihe von verschiedenen Frameworks an, die zu verschiedenen Kategorien gehören. Es gibt freie und kommerzielle Frameworks; es gibt WordPress-spezifische Frameworks und Frameworks, die auf WordPress adaptiert wurden.

Es gibt verschiedene Möglichkeiten, WordPress-Frameworks zu finden; wie Sie sich vorstellen können, gibt es viele unterschiedliche Quellen für WordPress-spezifische Tools. Aber Sie sollten ein bisschen vorsichtig sein, wie ich Ihnen weiter unten erkläre.

6.2.1 Frameworks, Themes und Plugins finden

In diesem Abschnitt geht es nicht nur um Frameworks im strengen Sinne, sondern ebenso darum, wie Sie an den richtigen Stellen suchen. Eine einfache Google-Suche mit den Begriffen »Free WordPress Themes« ist wahrscheinlich nicht der Hit, denn gemäß einer Studie von wpmu.org, beinhalten die meisten der Themes, die es auf die erste Seite schaffen, bösartigen Code (http://rwdwp.com/64). Aber keine Sorge! Es gibt trotzdem viele gute Quellen im Web – sowohl für freie als auch für kommerzielle Frameworks, Themes und Plugins.

Wordpress.org

Die erste Anlaufstelle ist das WordPress-Verzeichnis (http://rwdwp.com/65), die offizielle Quelle für Open-Source-Themes. Angestellte von Automattic und andere hochrangige Mitglieder der WordPress-Gemeinschaft prüfen diese Themes gründlich, bevor sie das erste Mal ins Verzeichnis aufgenommen werden. Jedes Theme wird bewertet und erhält Besprechungen von der Community, die in der rechten Sidebar angezeigt werden (Abb. 6-2).

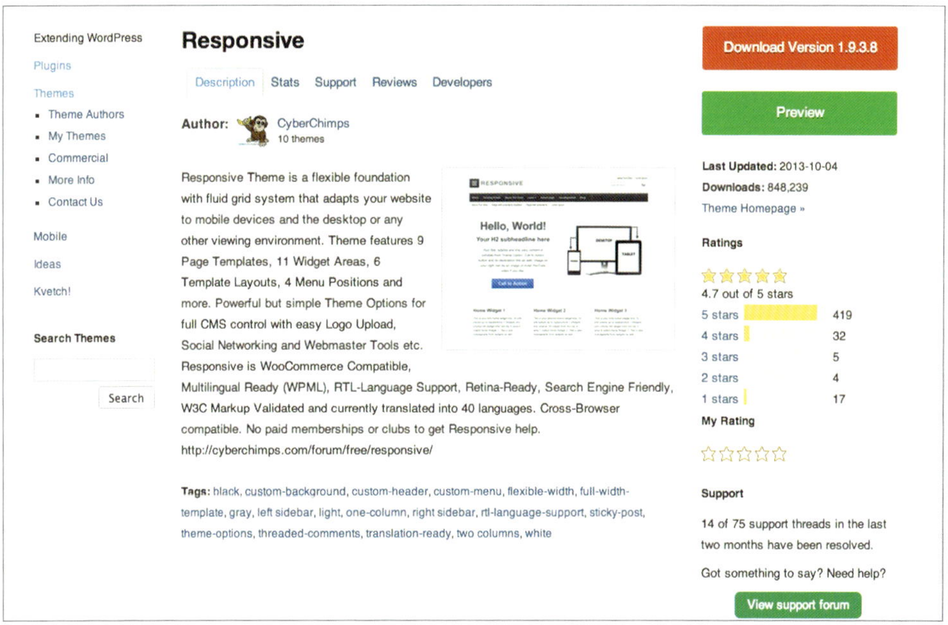

__Abb. 6-2__ Das Theme »Responsive« im WordPress-Verzeichnis: Es gibt eine Beschreibung, eine Bewertung und einen Link zum Supportforum.

Diese Themes zu verwenden hat außerdem den Vorteil, dass man sie direkt aus dem WordPress-Administrationsbereich heraus installieren und updaten kann.

ThemeForest

ThemeForest ist ein kommerzieller Marktplatz des WordPress-Unterstützers Envato (http://rwdwp.com/66). Zur Auswahl steht eine unglaubliche Menge von Themes, die nach Kategorien und Tags geordnet sind. Wie beim WordPress-Verzeichnis wird auch bei ThemeForest der Code jeder Einreichung überprüft und es existieren Richtlinien, an die sich Entwickler halten müssen (Abb. 6-3).

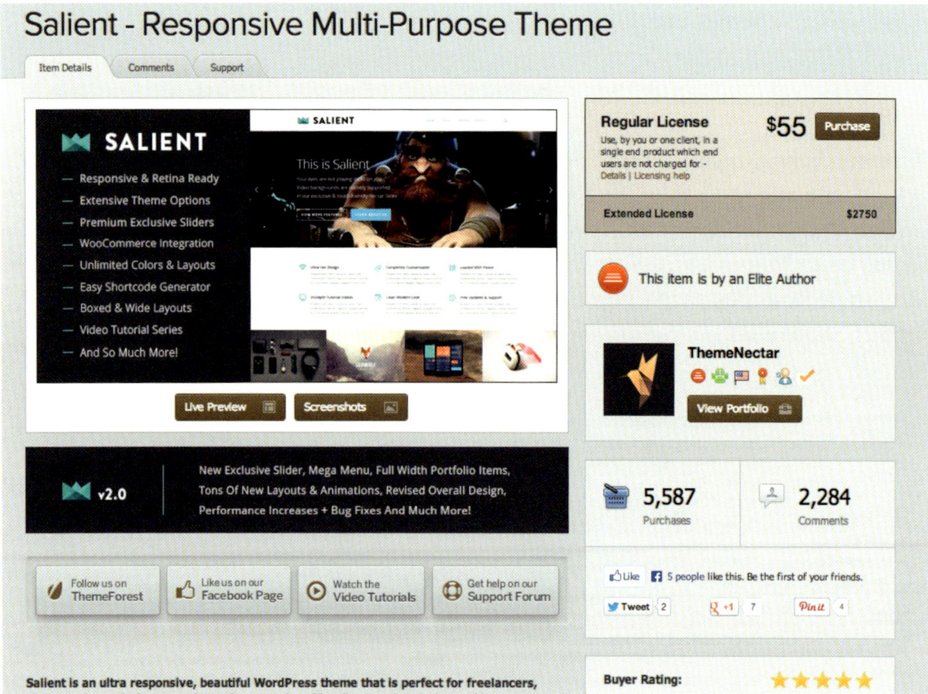

Abb. 6-3 *Ein Theme von ThemeForest. Auf der Site wird aufgeführt, wie oft das Theme gekauft wurde, wie es bewertet wird und es gibt einen Kommentarbereich mit Supportfragen.*

Ein großes Problem bei ThemeForest war, dass Entwickler ihre Themes mit Features überladen haben, um den Wert der Themes zu steigern – der Preis dafür war eine enge Verknüpfung von Darstellung und Inhalt. Glücklicherweise haben die Verantwortlichen bei Envato das Problem erkannt und die Richtlinien umgeschrieben, damit sichergestellt ist, dass sich die Themes nur um die Darstellung kümmern (http://rwdwp.com/67).

Weitere Quellen

Die letzten beiden sind meine Lieblingsquellen, aber es gibt weitere gute Quellen für WordPress-Themes.

Website	kostenlos/kostenpflichtig	Bemerkungen
Creative Market (http://rwdwp.com/68)	kostenpflichtig	Das ist eine relativ neue Website, die von WordPress.org unterstützt wird, weil sie die GPL vollständig umsetzt.
WooThemes (http://rwdwp.com/69)	beides	Eine sehr beliebte und geschätzte Site, wo es sowohl kostenlose als auch kostenpflichtige Themes gibt.
Elegant Themes (http://rwdwp.com/70)	kostenpflichtig	Bei dieser Site müssen Sie einmal zahlen und haben dann Zugriff auf viele Themes. Sie ist ihr Geld wert.
Zusammenstellungen (z. B. vom *net Magazine* oder vom *Smashing Magazine*)	beides	Viele bekannte Websites publizieren Zusammenstellungen der besten WordPress-Themes. Das ist eine ausgezeichnete Möglichkeit, um Themes zu finden, und ich habe mehrere bei den Quellen am Ende des Buches aufgeführt.

6.2.2 Warum sollten Sie ein kommerzielles Theme verwenden?

Wenn es so viele kostenlose Quellen gibt – warum sollte man dann überhaupt für irgendwelche WordPress-Tools bezahlen? Die Frage ist berechtigt. Es kann sein, dass Sie ein Theme zwar kostenlos bekommen, aber dann nicht sicher sein können, dass Sie bei Problemen Unterstützung erhalten, und der Entwickler kann jederzeit abtauchen.

Bei kommerziellen Themes und Plugins ist es wahrscheinlicher, dass Sie guten Support bekommen, dass Fehler schneller behoben werden und dass es bessere Updates gibt. Es zeigt Ihnen auch, dass der Entwickler seine Sache ernst nimmt und auch noch länger dabei sein wird.

Das ist prinzipiell die Art, wie viele WordPress-Entwickler vorgehen. Weil man – technisch gesehen – keine Lizenzen für WordPress verkaufen kann, kommt es dem Gedanken von »Software as a Service« (Software als Dienstleistung) am ehesten entgegen, wenn man Tools erstellt und guten Support für diese anbietet. Einige der besten Themes und Plugins werden kommerziell vertrieben und es gibt einen Grund dafür: Diese Entwickler nehmen die Erstellung und die gute Funktionsweise der Tools sehr ernst.

6.3 Beliebte WordPress-Frameworks

Also, legen wir los! Es gibt einige Theme-Frameworks, die Sie sich anschauen sollten. Denken Sie daran, dass sie responsiv sein müssen und dass sie den oben aufgeführten Richtlinien möglichst gut entsprechen sollen. Beginnen wir mit ein paar responsiven Frameworks, die auf WordPress angepasst wurden.

6.3.1 Bootstrap

Seit seinem Erscheinen im Jahr 2011 ist dieses responsive Framework sehr beliebt. Es wurde von den Leuten bei Twitter erstellt, um Inkonsistenzen im Code zu beheben; und es bleibt gut gestaltet, leichtgewichtig und einfach zu verwenden. Und das Beste von allem: Es ist kostenlos (Abb. 6-4).

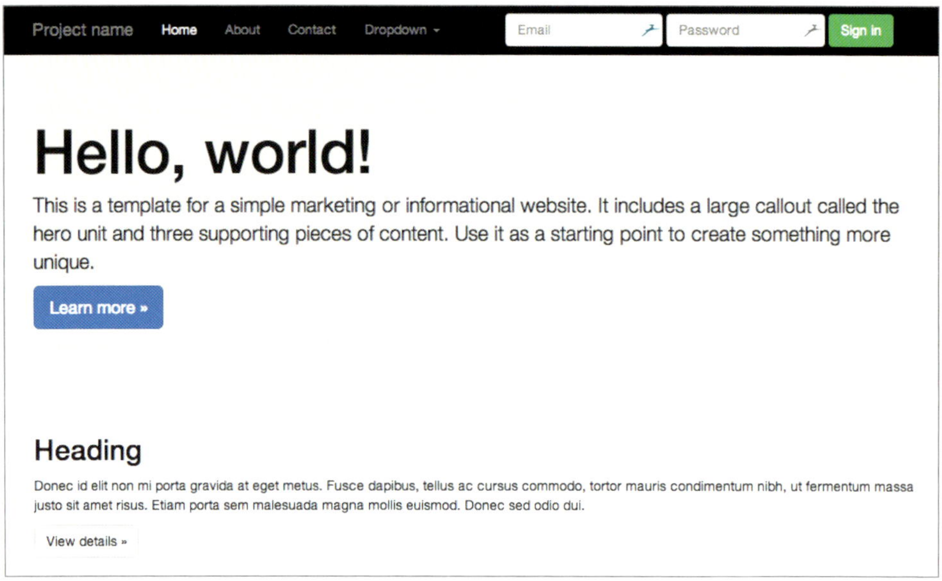

Abb. 6-4 *Jumbotron ist ein einfaches Bootstrap-Theme, das den Hauptinhaltsbereich mit kleineren Inhaltsbereichen darunter demonstriert.*

Abgesehen davon, dass es vollständig responsiv ist (und mit dem Mobile-First-Ansatz entwickelt wurde), kombiniert Bootstrap guten CSS-Code, eine große Anzahl an Klassen für Hinweise und Buttons, und sehr gut integrierte JavaScript-Effekte, die es erlauben, vieles von dem, was in diesem Buch behandelt wurde, einfach umzusetzen.

Bootstrap war nicht von Anfang an ein WordPress-Theme, aber eine Reihe von Entwicklern hat sich um die Adaption von Bootstrap auf WordPress gekümmert. Die erfolgreichste Umsetzung scheint WP-Bootstrap von 320press zu sein (http://rwdwp.com/71). Das WordPress-Theme integriert nicht nur das Framework richtig gut, sondern ergänzt auch WordPress spezifische Features wie die Theme-Optionen für die Farbschemas und Shortcodes für alle Sorten von Buttons und Hinweisen.

6.3.2 Foundation

Foundation von Zurb ist ein weiteres, beliebtes, wunderschön gestaltetes Framework für Websites (http://rwdwp.com/72). Es hat wahrscheinlich mehr Features als Bootstrap: Foundation basiert auf einem flexiblen Raster, wodurch es bei jeder Bildschirmgröße gut aussieht (Abb. 6-5).

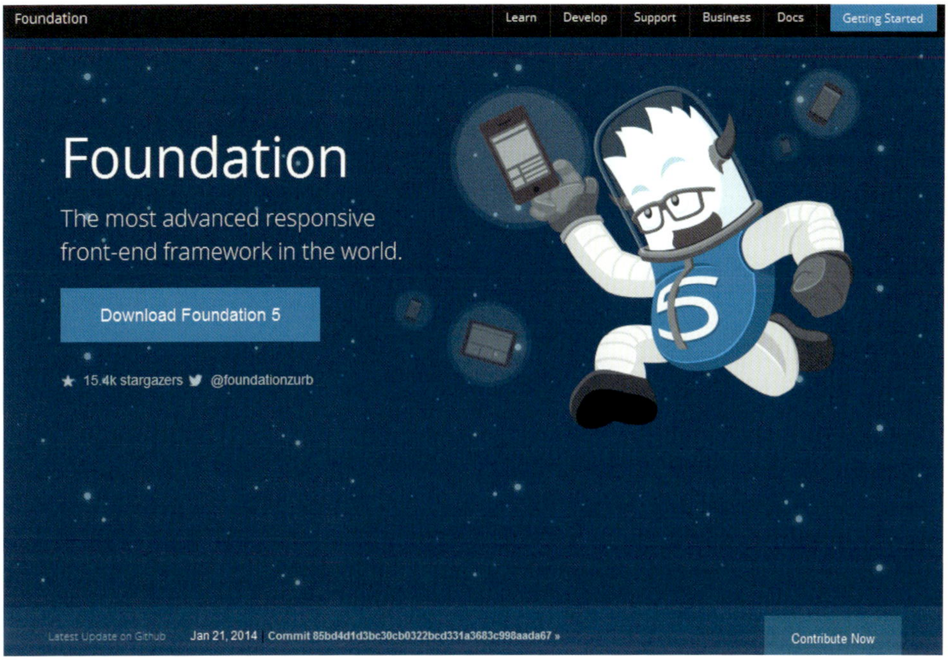

Abb. 6-5 *Die Homepage von Foundation basiert auf einem wunderbaren responsiven Framework.*

Abgesehen von der Optik gibt es bei Foundation auch viel unter der Haube zu entdecken. Foundation bietet Formatierungen für Buttons und Boxen wie Bootstrap, aber es gibt auch tolle Formatierungen für responsive Formulare und sehr viele unterschiedliche JavaScript-Komponenten. Und das alles bei einer Gesamtdateigröße von nur 225KB, d.h. kurze Ladezeiten für den Websitebetrachter. Außerdem können Sie auf der Download-Seite das Framework an Ihre Bedürfnisse anpassen, das Raster festlegen und vieles mehr (Abb. 6-6).

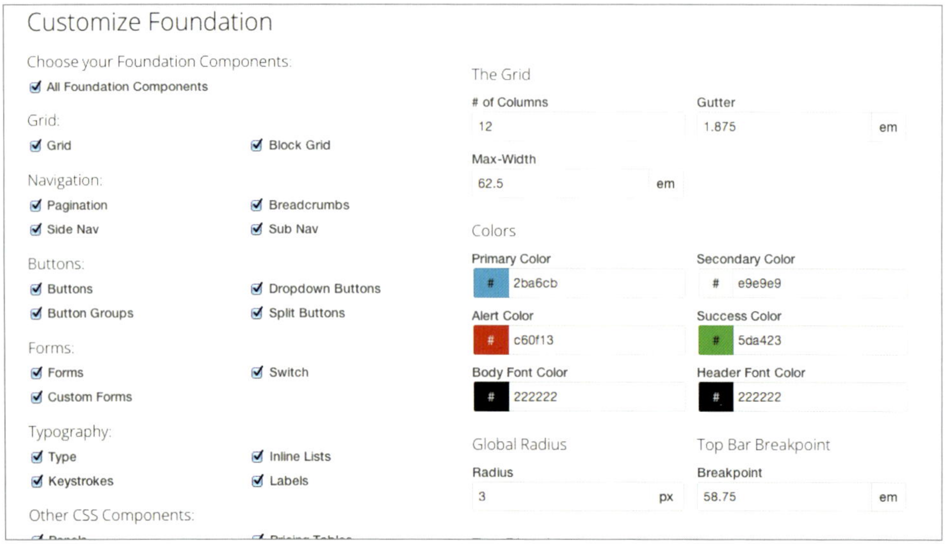

Abb. 6-6 *Bei Foundation können Sie jedes Detail des Frameworks anpassen, vom Raster bis hin zu den integrierten JavaScript-Komponenten.*

Auf Foundation basieren weniger WordPress-Themes als auf Bootstrap, aber es gibt einen wirklich guten Kandidaten namens required+ (http://rwdwp.com/73). Es beinhaltet Seitentemplates, Widgetbereiche und Shortcodes so viel das Herz begehrt – bis hin zu angepassten Styles für den Editor.

Wenn Sie nicht wissen, welches der beiden – Bootstrap oder Foundation – Sie wählen sollen, so finden Sie bei wpmu.org einen wirklich guten Artikel mit einer umfassenden Gegenüberstellung der beiden. Dort steht auch eine Liste von WordPress-Themes, die Foundation als Grundlage nehmen (http://rwdwp.com/74).

6.3.3 Unbedingt erwähnenswert: HTML5 Boilerplate

Bootstrap und Foundation sind die zwei richtig großen Fische im Teich, aber es gibt noch mindestens eines, das man lobend erwähnen sollte: HTML5 Boilerplate (http://rwdwp.com/75) ist das Framework, das schon ganz am Anfang HTML5 populär machte, und inzwischen ist es auch responsiv. Dahinter steckt eine große Programmierergemeinde, die es auf nahezu bespielhafte Weise weiterentwickelt. Es gibt ein gutes WordPress-Theme, das Boilerplate nutzt, und das Sie direkt im WordPress-Theme-Verzeichnis finden: http://rwdwp.com/76.

Neben den HTML-Frameworks, die Entwickler zu WordPress-Frameworks umfunktioniert haben, gibt es auch viele Frameworks, die speziell für WordPress erstellt wurden.

6.3.4 Thesis

Thesis (http://rwdwp.com/77) ist schon seit Langem ein sehr beliebtes WordPress-Theme-Framework und inzwischen ist es auch komplett responsiv (Abb. 6-7).

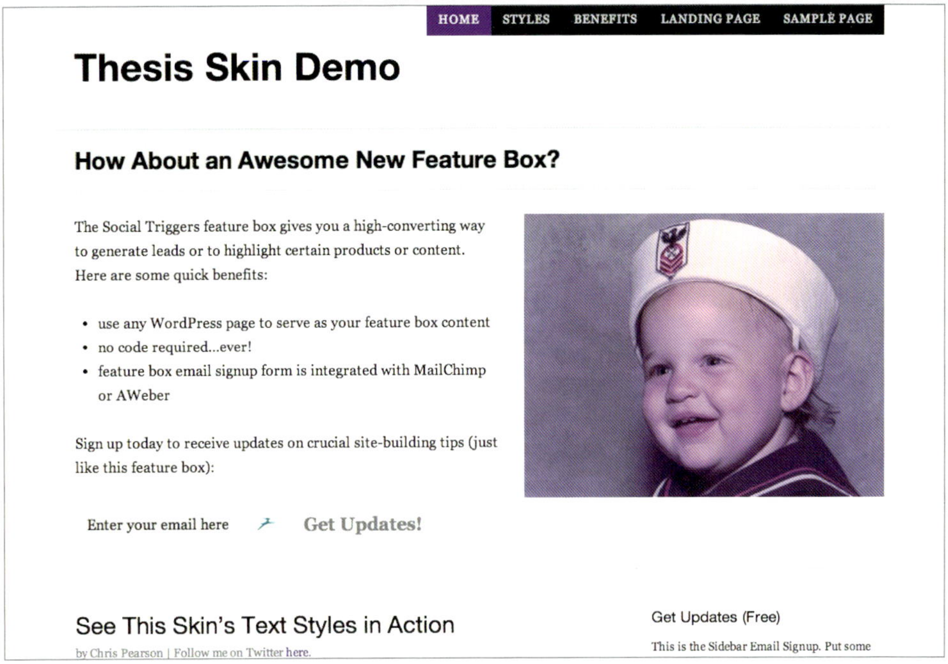

Abb. 6-7 *Ein Screenshot eines der Designs, die Thesis bietet*

Thesis bietet eine unglaubliche Menge an Features, inklusive der Möglichkeit, Layouts direkt vom WordPress-Administrationsbereich heraus zu entwickeln. Über die Skins können Sie vollständige Seiten erstellen – inklusive HTML-Code, CSS, Bilder und es gibt sogar einen Wähler für das Farbschema –, ohne dass Sie Code anfassen müssen.

Über Boxen erlaubt Ihnen Thesis, Formulare, Social-Media-Buttons, Mailinglisten und vieles mehr hinzuzufügen. Über die Tools können Sie die Performance verbessern und Ihre Site für Suchmaschinen optimieren.

Und noch mehr als das: Sie können Thesis als Parent-Theme nehmen, die Funktionalität erweitern oder das Look & Feel anpassen. Allerdings kostet das etwas: Für Thesis zahlen Sie zwischen 87 und 197 Dollar.

6.3.5 Genesis

Genesis (http://rwdwp.com/78) ist ein weiteres WordPress-Framework, das es auch schon eine Weile gibt und das im Jahr 2013 responsiv wurde. Bei der Umgestaltung hat es auch ein sehr klares, frisches Design erhalten (Abb. 6-8).

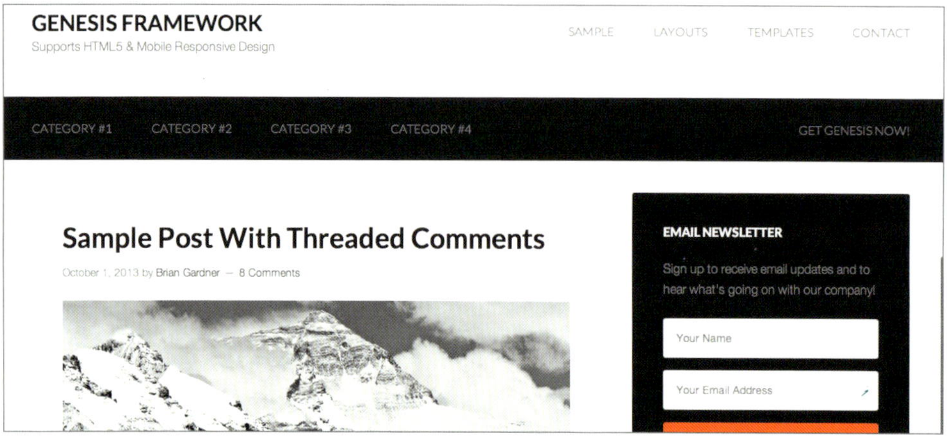

Abb. 6-8 *Das Genesis-Framework*

Genesis bietet nicht so viele Features wie Thesis und ist mehr ein Framework für Entwickler. Es stellt eine sehr gute Basis dar, um sehr schöne Themes zu erstellen. Außerdem beinhaltet es von Hause aus schon eine gute Anzahl von Layouts für Seiten und Sidebars.

Das Framework kostet 59,99 Dollar und Sie benötigen eine Mitgliedschaft bei StudioPress, einem beliebten Marktplatz, der sich auf die Erstellung von Genesis-basierten Themes spezialisiert hat.

6.3.6 Underscore

Underscore oder _s (http://rwdwp.com/79) ist ein minimales Open-Source-WordPress-Framework, das von keinem anderen als Automattic selbst herausgegeben wird. Es bietet ein Bündel an Funktionen mit dem Ziel, das Erstellen eines Themes einfach zu machen, ohne dass es einem dabei in die Quere kommt. Dazu gehören kommentierte HTML5-Templates, mehrere CSS-Layouts, die gut organisiert und leicht zu lesen sind, und vieles mehr. Es gibt sogar ein Skript namens *navigation.js*, das die Funktion von responsive-nav.js nachbildet.

Wenn Sie hingegen nach einem offiziell herausgegebenen Theme suchen, das etwas mehr Features bietet, auch dann hat Automattic genau das Richtige für Sie.

6.3.7 Twenty Thirteen

Vor ein paar Jahren hat Automattic entschieden, es zu einer Tradition zu machen, dass jedes Jahr ein neues Default-WordPress-Theme erscheint, das die neuen Funktionen der neuesten Version demonstriert und gleichzeitig den Benutzern einen Ausgangspunkt für eigene Entwicklungen bietet. Es heißt immer so wie das englische Jahr, in dem es erschienen ist; während die englische Version dieses Buches geschrieben wurde, war das Twenty Thirteen (http://rwdwp.com/80) (Abb. 6-9).

Abb. 6-9 *Twenty Thirteen, das Standard-Theme von WordPress im Jahr 2013*

Beim Theme hat man sich bewusst für eine Einzelspaltendarstellung entschieden, aber es sind Sidebars möglich und außerdem wurde jQuery Masonry eingebunden (http://rwdwp.com/81). Der Grund, warum ich dieses Theme hier bei den Frameworks erwähne: die WordPress-Entwickler wollen die Benutzer ermutigen, das Theme als Ausgangspunkt zu nehmen. Außerdem haben sie es einfach gemacht, gute Child-Themes auf der Basis von Twenty Thirteen zu erstellen.

Hinweis

Inzwischen wird es auch das neue Theme Twenty Fourteen geben. Sie sollten danach Ausschau halten.

Ein Child-Theme/Parent-Theme verwenden

Falls Sie es nicht wissen: Ein Child-Theme (»Kind-Theme«) ist ein Theme, das ein anderes Theme als Basis verwendet; die Basis wird Parent-Theme (»Eltern-Theme«) genannt. Um ein Theme als Parent zu verwenden, müssen Sie nur die Theme-Definition in *style.css* ein bisschen anpassen (entsprechende Stellen sind hervorgehoben):

```
/*
Theme Name: Land O' Flights
Theme URI: http://millenniumflights.com
Description: Child-Theme, das auf Millennium Flüge basiert.
Version: 1.5
Template: millenniumflights
Author: Joe Casabona
Author URI: http://www.casabona.org
*/
```

Beachten Sie die zusätzliche Zeile in der Definition bei `Template`: hier muss der Name eines Ordners im Verzeichnis */wp-content/themes/* stehen. Diese Angabe verrät WordPress, wo sich das Parent-Theme befindet. Wenn Sie den CSS-Code des Parent-Themes importiert haben, können Sie Ihre Änderungen durchführen.

```
@import url("../millenniumflights/style.css");
```

Hinweis

Mehr dazu, wie man ein Child-Theme erstellt, finden Sie in meiner Anleitung bei tutsplus.com: http://rwdwp.com/82.

Das Beste bei WordPress – und deshalb kommt das auch zum Schluss dieses Kapitels – ist, dass dank Parent- und Child-Themes jedes Theme ein Framework sein kann. Ein Framework im Allgemeinen ist definiert als eine *wiederverwendbare Software-Plattform, um Anwendungen zu entwickeln*. Bei Child-Themes bezieht sich die Wiederverwendung auf das Parent-Theme. Denken Sie daran, wenn Sie das nächste Mal ein WordPress-Theme finden, das Ihnen wirklich gefällt. Wenn es richtig programmiert ist, können Sie das Theme als Framework verwenden.

Themes verändern

Es gibt einen anderen, wichtigeren Grund für die Verwendung von Child-Themes. Wenn Sie sich entscheiden, Änderungen an einem Theme durchzuführen, sollten Sie ein Child-Theme benutzen. Das ist ziemlich verbreitet, besonders wenn es darum geht, dass Ihr Kunde ein Theme von einem Marktplatz wählt und Farben und Branding angepasst haben möchte.

Wenn Sie hingegen das Theme (oder Parent) selbst ändern und das Theme aktualisieren, dann verlieren Sie alle Änderungen, die Sie durchgeführt haben und Sie müssen von vorne beginnen. Bei der Verwendung eines Child-Themes lässt sich das Parent-Theme aktualisieren und Ihre Änderungen bleiben erhalten.

6.3.8 Ein eigenes Theme-Framework entwickeln

Wenn Sie sich Frameworks ansehen, sollten Sie Ihre eigenen Anforderungen im Hinterkopf haben. Testen Sie die Frameworks genau. Laden Sie sie herunter, installieren und aktivieren Sie sie. Versuchen Sie ein Child-Theme zu erstellen und probieren Sie die Einstellungen aus. Sehen Sie sich die Ergebnisse an und entscheiden Sie dann.

Mir waren die Frameworks, die ich ausprobiert habe, zu komplex und nicht leichtgewichtig genug. Sie sind sehr gut für Benutzer, die schnell ein Theme brauchen, aber für Anpassungen musste ich ein vollständig neues System zur Theme-Erstellung lernen.

Ich kenne mich im komplexen WordPress-Framework bzw. bei der komplexen WordPress-API bereits aus. Dieses Wissen hätte ich durch das Wissen über ein anderes Theme-Framework/eine andere Theme-API ersetzen müssen. Deswegen habe ich mich entschieden, mein eigenes Framework zu verwenden, das immer noch auf den WordPress-Funktionen basiert und sie nicht ersetzt.

Wenn Sie beschlossen haben, Ihr eigenes Framework zu erstellen, behalten Sie Ihre Anforderungen im Hinterkopf und denken Sie zugleich an die Prinzipien der Wiederverwendung. Achten Sie darauf, dass das, was Sie erstellen, allgemein, aber trotzdem für sich schon benutzbar ist. Sorgen Sie dafür, dass es sich erweitern lässt und natürlich: Testen Sie. Testen Sie viel.

6.4 Zusammenfassung

Software-Wiederverwendung ist nichts, was WordPress für sich gepachtet hat, aber das Prinzip wird Ihnen dort immer wieder begegnen. Wenn Sie besonders bei Themes allgemeine, wiederverwendbare Codeteile erstellen, so wird Ihnen das die Entwicklung 100-fach leichter machen, weil so viel von den zeitintensiven Vorbereitungsarbeiten automatisiert wird.

In diesem Kapitel haben wir uns mehrere Frameworks angesehen, inklusive populärer Vertreter wie Bootstrap und Foundation. Diese beiden sind sehr beliebt, weil sie gut gemacht sind. Sie berücksichtigen insbesondere auch viele der RWD-Grundsätze, die wir uns in Kapitel 1 angesehen haben. Diese Frameworks bei WordPress-Themes einzusetzen, um ein solides responsives WordPress-Theme-Framework zu erstellen, sollte eine Garantie für solide Themes sein.

Wir haben uns außerdem ein paar WordPress-Theme-Frameworks angesehen und erfahren, dass jedes WordPress-Theme ein Framework sein kann – dank Parent-Child-Themes. Wenn Sie mit Ihrem eigenen Theme-Framework beginnen, sollten Sie daran denken.

Im nächsten Kapitel nehmen wir alles, was wir bisher gelernt haben, und verwenden diese Kenntnisse und Prinzipien in Kochbuch-ähnlichen Tutorials.

6.4.1 Fragen

1. Wie heißt das Prinzip, dass jeder Teil eines Computerprogramms nur ein Problem/eine Aufgabe löst?
2. Warum genügt es nicht, nur im Browser zu testen?
3. Nennen Sie eine gültige Adresse für Themes.
4. Warum sollten Sie besser Child-Themes verwenden als ein Theme direkt verändern?

6.4.2 Antworten

1. Trennung der Belange
2. Benutzer werden Ihre Site von mobilen Geräten aus aufrufen, deswegen sollten Sie auf echten Geräten testen.
3. Eine der Folgenden: WordPress.org, ThemeForest, WooThemes, Creative Market, Elegant Themes, Übersichtsartikel in Online-Magazinen
4. Wenn Sie ein modifiziertes Theme aktualisieren, verlieren Sie die durchgeführten Änderungen.

7 Techniken und Tutorials

7.1 Einleitung

Jetzt haben Sie ein ganzes Buch mit dem Thema RWD und WordPress durchgearbeitet, mit Themes, Plugins, verschiedenen Entwurfsmustern usw. Sie können die in WordPress integrierten Funktionen wirksam einsetzen, um Ihre responsiven Themes effizienter zu machen. Damit ist der richtige Moment gekommen für einige Tutorials, die Ihnen Schritt-für-Schritt-Anweisungen geben, wie Sie ein paar häufig genutzte Funktionen erstellen.

Dabei ist es wichtig, dass Sie den jeweiligen Programmcode sowohl im Theme als auch im Plugin verwenden können. Beachten Sie aber, dass es sich dabei um unterschiedliche Verwendungsweisen handelt. Beispielsweise ist ein Portfolio im Wesentlichen Inhalt, deswegen sollte es nicht Teil des Themes sein, ansonsten verlieren Sie in dem Moment, wo Sie das Theme ändern, den Inhalt. Am Anfang jedes Tutorials spreche ich eine Empfehlung aus, wo ich den Code platzieren würde.

Allerdings wird es bei den meisten Beispielen eine Mischung sein. Die Funktionalität – oder der Hauptcode – wird ein Plugin sein. Dinge wie Portfolios, Produkte und Kontaktformulare passen gut in Plugins – und Sie werden entweder Shortcodes oder Template-Seiten verwenden, um die Informationen anzeigen zu lassen. Ich werde Sie durch fünf verschiedene Tutorials begleiten:

- Fotogalerie – ein Theme, das die in WordPress integrierte Mediengalerie nutzt
- Google Maps – ein Theme, das einen Shortcode verwendet
- Bilder-Slider – Plugin/Shortcode
- Kontaktformular – Plugin/Shortcode
- Produkte – Plugin/Shortcode

7.1.1 Im Fokus: CPTs und CSS

Wie Sie sich sicher vorstellen können, liegt unser Hauptaugenmerk auf dem CSS-Code. Obwohl es wichtig ist, jedes der Features so leichtgewichtig wie möglich umzusetzen, werden wir trotzdem teilweise RESS, picturefill und andere hier besprochene Tools einsetzen. In Sachen Darstellung ist CSS natürlich stets die Technik der Wahl.

Der andere Schwerpunkt dieses Abschnittes sind die Custom-Post-Types (CPT). In den meisten Fällen sind für die Erstellung immer dieselben Schritte notwendig:

1. den Post-Type planen
2. den Post-Type erstellen und anmelden
3. eine Funktion zur Anzeige oder einen Shortcode definieren
4. das Template erstellen (sofern notwendig)
5. den CSS-Code schreiben

Als ich diese Tutorials erstellt habe, hatte ich die folgenden Fragen im Hinterkopf. Ich würde Ihnen empfehlen, dass Sie sie ebenfalls berücksichtigen:

- **Sieht die Komponente gut aus – über Browser- und Gerätegrenzen hinweg?** Ich weiß, dass es schwierig ist, alles zu testen, aber Sie sollten so viel wie möglich testen.
- **Führe ich die Anpassungen an der richtigen Stelle durch?** Das ist die schwierigste Aufgabe in den kommenden Tutorials. Ich habe mein Bestes versucht und Breakpoints nach den Inhalten erstellt, aber das wird natürlich von Theme zu Theme unterschiedlich sein.

> **Hinweis**
>
> Fühlen Sie sich nicht verpflichtet, meine Breakpoints zu nutzen. Wenn Sie welche haben, die besser zu Ihrem Theme passen, dann sollten Sie unbedingt diese verwenden.

- **Lade ich unnötige Skripte oder andere Dateien?** Das kann in WordPress ganz leicht passieren. Stellen Sie sicher, dass Sie `enqueue_script()` richtig einsetzen, um sicherzustellen, dass Sie nichts laden, was in WordPress bereits geladen wird. Ich würde auch abraten, zusätzliche CSS-Dateien zu laden, wenn Sie es vermeiden können. Denken Sie daran: Je mehr Dateien, desto mehr HTTP-Requests muss der Benutzer durchführen.
- **Beeinträchtigt mein Code den Code von jemand anderem?** Achten Sie darauf, Präfixe zu verwenden und sich an andere Best-Practice-Empfehlungen von WordPress zu halten. So vermeiden Sie Konflikte, die dazu führen könnten, dass Ihre WordPress-Sites nicht mehr funktionieren.

Eine Sache gibt es schließlich noch, die in den Tutorials nicht behandelt wird: die Erstellung einer guten Dokumentation für Themes und Plugins. Wenn Sie vorhaben, etwas auf dem offiziellen WordPress-Verzeichnis (oder bei einem anderen Marktplatz) zu veröffentlichen, sollten Sie sicherstellen, dass Ihre Funktionen gut dokumentiert sind und dass Ihre README-Datei so ist, wie sie sein soll. Denken Sie daran, alle CSS-Klassen aufzuführen, was sie bewirken, sowie die Namen von Variablen, sodass sich die Benutzer nicht auf die Jagd nach Informationen begeben müssen. Mehr Informationen zu diesem Thema finden Sie unter http://wordpress.org/plugins/about/readme.txt.

> **Hinweis**
>
> Für die Dokumentation von Funktionen würde ich phpdoc verwenden. Damit können Sie schnell und einfach aus den Kommentaren vor Ihren Funktionen eine Dokumentation erstellen: http://rwdwp.com/83.

Noch ein Hinweis: Weil das Nachfolgende eigenständige Tutorials sind, werden wir nicht unbedingt das Millennium-Flüge-Theme nehmen, das im restlichen Buch verwendet wurde. Sie können jedes beliebige Theme als Basis benutzen. Für Funktionen werden wir trotzdem der Einfachheit und der Konsistenz halber das `mf_`-Präfix einsetzen.

Damit sollte alles geklärt sein und wir können loslegen.

7.2 Eine responsive Fotogalerie in WordPress

Es gibt eine ganze Reihe von Plugins im Web, die Fotos innerhalb von WordPress verwalten, darunter auch solche, die andere Dienste wie Flickr als Basis nehmen. In den letzten Jahren hat allerdings WordPress seinen Medien-Manager wesentlich verbessert und es unglaublich einfach gemacht, Fotos zu verwalten und Galerien zu erstellen. In diesem Tutorial erfahren Sie, wie Sie eine Galerie über den WordPress-Editor hinzufügen und dann so gestalten, dass sie responsiv wird.

> **Hinweis**
>
> Diese Fotogalerie wurde mit WordPress 3.6 erstellt. In den neuen Versionen wird der Medien-Manager einige umfangreiche Verbesserungen erfahren.

7.2.1 Eine Galerie aus neuen Bildern erstellen

WordPress macht Ihnen das richtig einfach. Öffnen Sie zuerst eine Seite oder einen Beitrag im Editor und klicken Sie dann auf den Button *Dateien hinzufügen*, um so viele Bilder hochzuladen, wie Sie möchten (Abb. 7-1).

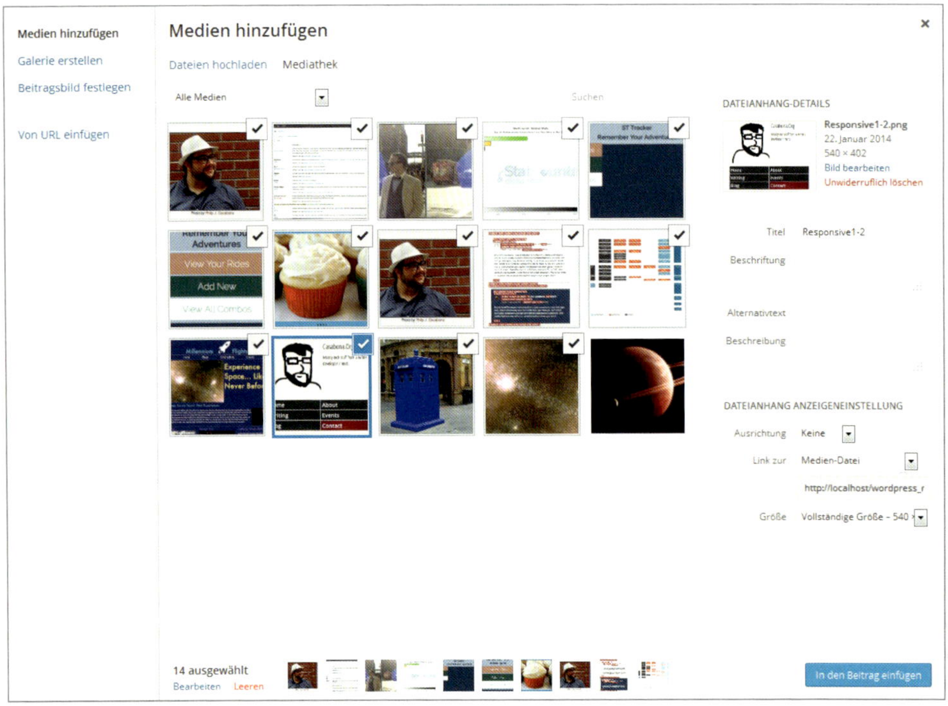

Abb. 7-1 *Medien hinzufügen in WordPress*

Wenn Sie die Bilder hochgeladen haben, gibt es zwei Möglichkeiten, eine Galerie hinzuzufügen. Sie können den Bereich *Galerie erstellen* im Fenster *Medien hinzufügen* nehmen, der Ihnen mehr Kontrolle über die eingebundenen Bilder gibt, oder Sie können den Shortcode verwenden, den der Punkt *Galerie erstellen* erzeugt. Der Shortcode sieht beispielsweise so aus:

```
[gallery link="file" columns="3"]
```

Sie können die Anzahl der Spalten wählen, bestimmen, welche Fotos verwendet werden sollen, und ob Sie direkt auf die Datei oder auf die Anhang-Seite verlinken wollen, die ebenfalls eine Template-Seite in WordPress ist. Das `id`-Attribut, das eine durch Komma getrennte Liste von Foto-IDs erwartet, ist im Beispiel nicht aufgeführt, weil alle Bilder, die zur Seite hinzugefügt wurden, verwendet werden sollen.

Tipp

Wenn man auf die Datei verlinkt, ist es einfacher, eine Overlay-Bibliothek wie Lightbox zu verwenden.

Wenn Ihre Galerie so weit fertiggestellt ist, brauchen Sie sie nur noch zu publizieren und die Seite aufzurufen. Die Seite sieht gut aus und ist in so viele Spalten unterteilt, wie Sie festgelegt haben. Allerdings ist die Seite noch nicht responsiv. Wenn Sie in den Quellcode sehen, finden Sie folgenden CSS-Code, der direkt in den `body`-Bereich der Seite integriert wurde.

```
#gallery-1 {
  margin: auto;
  }
#gallery-1 .gallery-item {
  float: left;
  margin-top: 10px;
  text-align: center;
  width: 33%;
  }
#gallery-1 img {
  border: 2px solid #cfcfcf;
  }
#gallery-1 .gallery-caption {
  margin-left: 0;
  }
```

CSS-Angaben in *style.css* hinzuzufügen, wird nicht funktionieren, da diese von den Inline-Stilangaben überschrieben würden. Glücklicherweise gibt es den Hook `gallery_style` in WordPress, der es Ihnen ermöglicht, den CSS-Code zu modifizieren.

7.2.2 Den CSS-Code ändern

Die notwendige Vorgehensweise beinhaltet zwei Schritte und wurde wohl zuerst im Twenty Ten implementiert, dem WordPress Default-Theme aus dem Jahr 2010. Der erste Schritt besteht in der Verwendung eines regulären Ausdrucks, um die Inline-Stilangaben und die Zeilenumbrüche zu entfernen – das ist die Stelle, an der die Hooks ins Spiel kommen. Dann müssen Sie die Formatierungen zum Theme-Stylesheet hinzufügen, indem Sie folgende von WordPress erzeugte Klassen nutzen:

```
.gallery {} /* formatiert die gesamte Bildergalerie */
.gallery-item {} /* formatiert die einzelnen Spalten (standardmäßig <dl>) */
.gallery-icon {} /* formatiert ein einzelnes Vorschaubild (standardmäßig ein <dt>) */
.gallery-caption {} /* formatiert die Beschriftungen (standardmäßig <dd>) */
```

Es lohnt sich, sich den obigen CSS-Code zu merken, denn er ist ganz ähnlich wie der für die Darstellung bei voller Breite.

Zuerst müssen wir den eingebetteten CSS-Code und die Zeilenumbrüche durch folgende Funktionen/Filter entfernen:

```
function mf_gallery_style($css){
  return preg_replace("#<style type=\'text/css\'>(.*?)</style>#s", "", $css);
}
```

```
add_filter( 'gallery_style', 'mf_gallery_style');

function mf_remove_br_gallery($output) {
  return preg_replace('/<br style=(.*)>/mi','',$output);
}

add_filter( 'the_content', 'mf_remove_br_gallery', 11, 2);
```

Es sind beides Einzeiler, die mit regulären Ausdrücken das Auffinden und Ersetzen durchführen und das Ergebnis zurückgeben. Der erste Ausdruck sucht nach etwas, das mit `<style type=\'text/css\'>` beginnt und mit `</style>` aufhört. Diese Funktion wird aufgerufen, wenn der Filter `gallery_style` ausgelöst wird. Die zweite Funktion filtert den Inhalt und sucht nach allen `<br>`-Elementen mit Inline-Stilangaben. Der Grund hierfür ist, dass die Galerie-Funktion diese automatisch je nach Anzahl der Spalten hinzufügt, was bei zunehmender Größe des Bildschirms zu Problemen führt. Im Endeffekt bleibt es bei drei Spalten, unabhängig davon, wie groß der Bildschirm des Benutzers wird.

Jetzt, wo die Galerie von CSS-Inlinestilen und `<br>`-Elementen befreit ist, können Sie Ihre eigenen Formatierungen in der Datei *style.css* ergänzen. Sie beginnen mit den Formatierungen für kleine Bildschirme, d. h. hier müssen Sie nicht viel machen:

```
.gallery{
  margin: 0 auto;
  text-align: center;
  }

.gallery img{
  max-width: 100%;
  }

.gallery-icon img{
  border: 1px solid #CCCCCC;
  background: #FFFFFF;
  padding: 5px;
  }
```

Hier werden ein paar grundlegende Formatierungen durchgeführt, um sicherzustellen, dass sich die Bilder richtig in der Größe anpassen; außerdem wurde etwas Innenabstand (`padding`) und eine Hintergrundfarbe bei den Bildern ergänzt. Sie können natürlich jede beliebige Farbe für den Hintergrund nehmen. Ein Hinweis: Der Grund dafür, dass die Hintergrundfarbe beim Bild und nicht bei der `.gallery-item`-Klasse hinzugefügt wurde, ist, dass das Element mit der Klasse sich auf die volle Breite des Browsers erstreckt, nicht nur auf das Bild.

Wenn mehr Platz zur Verfügung steht, wollen wir beispielsweise die Bilder nebeneinander platzieren. Hier sollten Sie die Breakpoints nach Ihren eigenen Bedürfnissen wählen. Meine basieren auf meinem Template.

```
@media screen and (min-width: 25.313em){
  .gallery-icon{
    float: left;
    margin: 10px 2%;
    width: 45%;
    }
}
```

Der CSS-Code ist recht einfach (genau wie der gleich folgende). Nachdem wir die Umbrüche entfernt haben, können wir die Galerie zweispaltig darstellen lassen, indem wir jeden Bildcontainer floaten und die Breite verändern. Unser Basis-CSS kümmert sich um den Rest. Der CSS-Code für die drei- und vierspaltige Darstellung sieht ziemlich ähnlich aus:

```
@media screen and (min-width: 51.5em){
  .gallery-icon{
    width: 30%;
    margin: 10px 1%;
    }
  }

@media screen and (min-width: 76.625em){
  .gallery-icon{
    width: 22%;
    }
  }
```

Hier passen Sie nur die Größe der `.gallery-icon`-Elemente bei größerer Seitenbreite an. Nicht schlecht, oder? Jetzt haben Sie eine vollständig responsive Fotogalerie unter Verwendung der in WordPress integrierten Galerie (Abb. 7-2).

Abb. 7-2 *Hier sehen Sie die responsive Galerie in beiden Varianten: dem Layout bei voller Breite und der Darstellung auf mobilen Geräten rechts eingefügt.*

7.2.3 Einschränkungen

Bisher haben wir uns in diesem Tutorial nicht um die Beschriftungen gekümmert. Das Standard-Markup für die Galerie ist nicht unbedingt optimal fürs RWD (zum Zeitpunkt, zu dem ich das schreibe). Es verwendet einzelne Definitionslisten (<dl>) für jedes Foto/Beschriftungspaar und Definitionselemente (<dt>, <dd>), um die Bilder und die Beschriftungen aufzuführen, was eine unabhängige Formatierung etwas komplizierter macht. Außerdem ergänzt es eingebettete Stilangaben und manuelle Zeilenumbrüche (um dieses Problem haben wir uns mit dem oben gezeigten Code bereits gekümmert). Um das richtige Markup zu erhalten, müssten wir viel programmieren, neu programmieren und CSS-Hacks anwenden. Glücklicherweise gibt es die gallery_shortcode-Funktion, die das ganze Markup für die Galerie ausgibt und ein paar eingeschränkte Argumente für Anpassungen bietet. Außerdem können Sie die über den Shortcode aufgerufene Funktion ändern, und zwar folgendermaßen:

```
remove_shortcode('gallery', 'gallery_shortcode');
add_shortcode('gallery', 'my_gallery_shortcode');
```

Dank dieser zwei Zeilen können Sie Ihre eigene Output-Funktion schreiben, indem Sie den Shortcode, der eigentlich die in WordPress integrierte Funktion aufruft, so ändern, dass er ihre Funktion aufruft. Beides sind fortgeschrittene Techniken, die den Rahmen dieses Tutorials sprengen, aber die benötigte Funktion finden Sie online unter http://rwdwp.com/84.

Die empfohlene Vorgehensweise sieht folgendermaßen aus: Sie kopieren die Ausgabe der WordPress-Funktion in Ihre eigene Funktion und beginnen mit den Änderungen an der Stelle, wo die Ausgabe startet, ungefähr in Zeile 782. Mein Ziel wäre, etwa folgendes Markup zu erstellen.

```
<div class="gallery-item">
  <div class="gallery-img">
    <img src="photo.jpg" alt="alt-Text" />
  </div>
  <div class="gallery-img-caption">
    Das ist die Beschriftung
  </div>
</div>
```

Dann können Sie die Breite für das gesamte .gallery-item-Element setzen und es floaten, wobei gleichzeitig Bild und Beschriftung beisammen bleiben.

Galerie-Plugins einsetzen

Wenn Sie mehr Kontrolle über die Einstellungen bei Ihrer Galerie oder mehr leistungsfähige Funktionen haben wollen, gibt es mehrere gute Plugins für diese Aufgabe. Eine rasche Suche im WordPress-Plugin-Verzeichnis führt schon zu einigen interessanten Ergebnissen (http://rwdwp.com/85), aber meine Empfehlung ist NextGEN Gallery (http://rwdwp.com/86).

Dieses Plugin erlaubt es Ihnen, auf verschiedenen Wegen Bilder hochzuladen, zu bearbeiten und zu organisieren, mit dabei ist das Erstellen von Galerien und Albumen, die mehrere Galerien beinhalten. Sie können außerdem Templates für die Darstellung der Galerien dank der Template-Tags von NextGEN erstellen. Das gibt Entwicklern eine enorme Flexibilität an die Hand, ohne dass das, was schon da ist, rückgängig gemacht werden muss.

7.3 Eine responsive WordPress-Karte mit Google Maps

Auf Google Maps basierende Karten sieht man häufig auf allen Arten von Websites, und es gibt eine Reihe von Plugins im Web, die Ihnen dabei helfen, Google Maps in WordPress-Sites einzufügen. Dieses Tutorial wird Ihnen die Benutzung von Shortcodes zeigen und noch wichtiger, wie Sie Google Maps (und andere Iframe-basierte Inhalte wie etwa Youtube-Videos) responsiv machen.

Das werden wir in zwei Schritten erledigen: Wir werden einen Shortcode erstellen, der das Hinzufügen von Google Maps zu einer Seite ganz einfach macht, und dann werden wir den notwendigen CSS-Code ergänzen, damit die Karte responsiv wird. All dies wird innerhalb des Themes durchgeführt und das Ergebnis soll in etwa wie in Abb. 7-3 gezeigt aussehen.

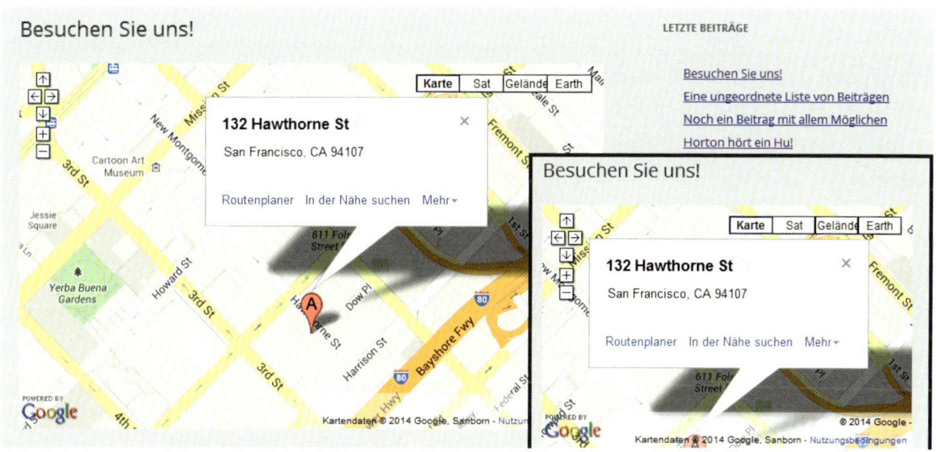

Abb. 7-3 *Eine responsive WordPress-Karte mit Google Maps, wie sie auf einem Desktop und auf einem mobilen Gerät aussieht*

7.3.1 Den Shortcode erstellen

Der erste Schritt besteht darin, den Shortcode zu erstellen, der es dem Benutzer erlaubt, die Karte direkt über den WordPress-Editor einzufügen. Das können Sie über folgenden Codeblock innerhalb der Datei *functions.php* erledigen:

```
add_shortcode('mf_gmap', 'mf_google_maps');

function mf_google_maps($atts, $content=null){
    //Argumente aus dem Shortcode extrahieren
    extract(shortcode_atts(array('address' => '132 Hawthorne Street San Francisco,
        CA 94107', 'width' => 800, 'height' => 600), $atts));
    $map= '<div class="mf-responsive-map"><iframe width="'.$width.'"
       height="'.$height.'" frameborder="0" scrolling="no" marginheight="0" margin-
       width="0" src="https://www.google.com/maps?q='.$address.'&output=embed">
       </iframe>';
    if($content != null){
      $map.= '<br/>'.$content;
    }
    $map.= "</div>";

    return $map;
}
```

Hinweis

Es ist normalerweise in HTML5 üblich, CSS anstelle von HTML-Attributen wie `height`, `width`, `frameborder`, `scrolling`, `marginheight` und `marginwidth` zu verwenden. In diesem Tutorial bleiben diese jedoch im HTML-Code, um die Verwendung von Shortcode-Argumenten zu zeigen. Der andere Grund dafür ist, dass die Ausgabe von maps.google.com so aussieht. Mehr Informationen dazu lesen Sie unter http://rwdwp.com/87.

Hier geschehen folgende Dinge. Mit der ersten Zeile, `add_shortcode('mf_gmap', 'mf_google_maps')`, melden wir den Shortcode bei WordPress an. Das erste Argument ist der Shortcode selbst, d.h., das, was man im Editor angeben muss. In unserem Fall ist es `[mf_gmap]`. Das zweite Argument ist eine Callback-Funktion, die zur Kartenerstellung dient.

Unsere Funktion `mf_google_maps()` erwartet zwei Argumente. Das erste ist `$atts`, das ein Array von Eigenschaften beinhaltet, die wir beim Shortcode angeben können. Beispielsweise könnten wir `[mf_gmap width=640]` schreiben. In diesem Fall ist `width` die Eigenschaft und 640 der Wert (hier wird von einer Breite in Pixeln ausgegangen). Die Eigenschaften werden als assoziatives Array übergeben.

Das zweite Argument, `$content`, ist ein beliebiger Inhalt zwischen dem öffnenden und dem schließenden Tag, nach dem WordPress automatisch schaut. Wenn Sie beispielsweise `[mf_gmap]Finden Sie Ihren Standort[/mf_gmap]` schreiben, dann ist der Inhalt »Finden Sie Ihren Standort«.

Die erste Zeile der Funktion erledigt die Hauptarbeit. Hier werden die Argumente extrahiert, die man beim Shortcode angeben kann, und gleichzeitig Defaultwerte festgelegt. Die in WordPress integrierte Funktion `shortcode_atts()` erledigt das mit zwei Argumenten; das erste ist ein Array von Schlüssel `=>` Wert-Paaren, nach denen die Funktion suchen wird. Wenn Sie ein Argument übergeben, das nicht explizit im Array aufgeführt ist, wird WordPress es ignorieren. Wie Sie sehen, gibt es drei Variablen:

- `address`: Das ist die Adresse, die wir als Query-String an Google Maps senden werden. Der Defaultwert ist 132 Hawthorne Street San Francisco, CA 94107 (die Adresse stammt von niemand anderem als Automattic selbst, der treibenden Kraft hinter WordPress).
- `width`: Die Standardbreite, die wir auf 800px setzen. Eigentlich wird diese später vollkommen ignoriert, aber Sie müssen sie angeben, um sicherzustellen, dass das Iframe korrekt funktioniert.
- `height`: Die Standardhöhe, die wir auf 600px setzen. Auch diese Angabe wird ignoriert werden.

Das zweite Argument, das Sie an `shortcode_atts()` übergeben, ist eine Liste von Attributen, hier `$atts`. Die PHP-Funktion `extract()` erstellt Variablen aus Schlüssel-Wert-Paaren, sodass wir `$address` anstelle von `$atts['address']` verwenden können.

Hinweis

Außer, wenn Sie sich in einem genau kontrollierten Codebereich befinden (wie in einer Funktion) und wissen, welche Variablen im Array stehen, sollten Sie `extract()` nicht einsetzen. Es kann bewirken, dass die Dinge nicht mehr funktionieren.

Danach erstellen wir die Karte, indem wir die klassische Iframe-Konfiguration von Google Maps verwenden. Dabei werden die Variablen benutzt, um die Lücken zu füllen: Und falls es irgendeinen Inhalt (`$content`) gibt, so wird dieser nach der Karte eingefügt (an der Stelle, an der üblicherweise »Vergrößerte Kartenansicht« steht). Dann wird die Karte mit `return` zurückgegeben. Das ist sehr wichtig! Falls Sie das nicht tun, wird unser Shortcode entfernt und nichts wird ausgegeben. Bei der Erstellung von Shortcode-Funktionen ist es immer sehr wichtig, dass man den Inhalt mit `return` zurückgibt und nicht beispielsweise mit `print` ausgibt.

Damit ist unser Shortcode vollständig. Im WordPress-Editor sollten Sie jetzt den Shortcode nutzen können, wie beispielsweise in Abb. 7-4 gezeigt.

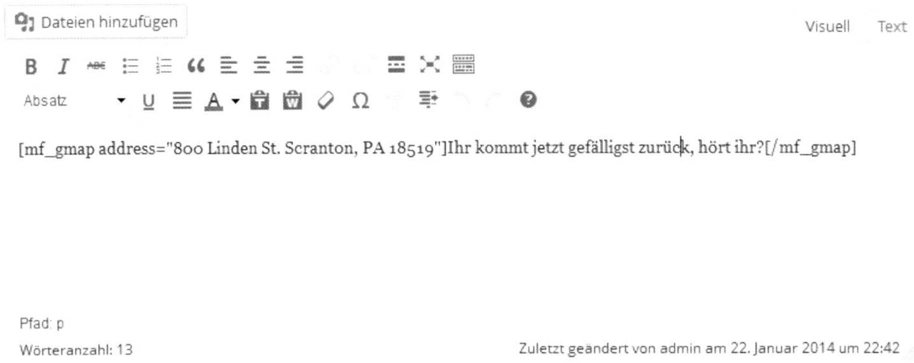

Abb. 7-4 *Der Shortcode lässt sich im Editor verwenden.*

Wenn Sie diese Änderungen durchgeführt haben und Ihre Site ansehen, dann werden Sie vielleicht feststellen, dass die Karte immer 800 × 600 Pixel groß ist, unabhängig davon, wie groß das Browserfenster gerade ist. Der Grund hierfür ist, dass wir den CSS-Code noch nicht ergänzt haben. Öffnen Sie *style.css* und ergänzen Sie folgende Zeilen in den **Bereich außerhalb von Media Queries:**

```
.mf-responsive-map {
  position: relative;
  padding-bottom: 56.25%;
  padding-top: 30px;
  height: 0;
  overflow: hidden;
  }

.mf-responsive-map iframe,
.mf-responsive-map object,
.mf-responsive-map embed {
  position: absolute;
  top: 0;
  left: 0;
  width: 100%;
  height: 100%;
  }
```

In der Shortcode-Funktion haben wir um die Karte ein `div` mit der Klasse `mf-responsive-map` eingefügt. Deswegen können wir diese Art Hack anwenden, der es ermöglicht, dass Iframes ihre Proportionen bei einer Größenänderung des Browserfensters behalten. Hier wird ein Trick eingesetzt, den es schon seit einer Weile gibt (zumindest seit 2009).

Das war's! Speichen Sie Ihre Dateien und testen Sie! Sie sollten ähnliche Ergebnisse erhalten wie diejenigen aus dem oben gezeigten Screenshot.

Wenn Sie Ihren Shortcode erweitern wollen, können Sie jederzeit mehr Argumente ergänzen. Wenn Sie sich gut mit Google Maps auskennen, können Sie die derzeit im Standard-Iframe erzeugte Karte in eine über die Google Maps API generierte Karte abändern.

7.4 Ein responsiver Bilder-Slider in WordPress

Ich muss zwei Dinge gestehen: Zum einen bin ich kein großer Fan von Inhalts-Slidern. Ich weiß, warum sie richtig beliebt wurden, aber ich denke, dass man mit diesen Slidern dem Nutzer unnötige Interaktionen aufhalst. Bilder-Slider sind eine etwas andere Geschichte, und wenn ich auch persönlich sie nicht oft nutze (zumindest nicht auf meinen eigenen Sites), verstehe ich doch, warum Leute sie einsetzen.

Das Zweite, was ich Ihnen gestehen muss, ist, dass ich bei diesem Tutorial ein bisschen trickse. Sie werden in diesem Tutorial ein Plugin um einen Slider herum erstellen, der von Haus aus schon responsiv ist, nämlich um FlexSlider. Ich setze ihn schon seit ein paar Jahren ein und mag ihn wirklich. Wenn Sie möchten, können Sie das, was ich Ihnen hier zeige, mit einem anderen Slider durchführen; die Vorgehensweise sollte im Wesentlichen dieselbe sein. Wie sieht also die Vorgehensweise aus?

1. Grundlegende Definition des Plugins und der Variablen
2. Die Slider-Skripte einbinden
3. Einen Shortcode und ein Template-Tag für die Einbindung des Sliders erstellen
4. Den CPT programmieren, damit sich Bilder aus dem Administrationsbereich von WordPress einfügen lassen (Abb. 7-5)

Abb. 7-5 *Das Ergebnis (oder soetwas in dieser Art)*

7.4.1 Definition des Plugins und der Variablen

Ich werde diesen Teil nicht so ausführlich besprechen, da der Code schon detailliert im Buch behandelt wurde. Zuerst sollten Sie innerhalb des */plugins/*-Verzeichnisses ein Unterverzeichnis und eine Datei mit demselben Namen erstellen. Ergänzen Sie dann die folgenden Zeilen:

```
/*
Plugin Name: Responsiver Bilder-Slider
Plugin URI: http://millenniumflights.com
Description: Ein einfaches Plugin, das den FlexSlider (http://flex.madebymufffin.
com/) in WordPress integriert und dabei auf Custom-Post-Types setzt!
Author: Joe Casabona
Version: 1.0
Author URI: http://www.casabona.org
*/

/*Set-up*/
define('MFS_PATH', WP_PLUGIN_URL . '/' . plugin_basename( dirname(__FILE__) ) . '/' );
define('MFS_NAME', "Responsiver Bilder-Slider");

/*Dateien einbinden*/
require_once('mf-image-slider-cpt.php');
```

In den ersten paar Zeilen wird das Plugin definiert und es werden ein paar Konstanten für die spätere Verwendung erstellt. Außerdem gibt es eine notwendige Datei, in der wir den CPT definieren.

7.4.2 Die Slider-Skripte einbinden

Als Nächstes müssen wir den JavaScript- und CSS-Code hinzufügen. Sofern Sie es noch nicht getant haben, sollten Sie jetzt den FlexSlider von http://rwdwp.com/88 herunterladen, und bei Ihrem Plugin *jquery.flexslider-min.js* und *flexslider.css* ergänzen. Stellen Sie sicher, dass sich beide Dateien auf oberster Eben des Verzeichnisses befinden. Dann können Sie den folgenden Code hinzufügen:

```
function mfs_enqueue_scripts(){
  wp_enqueue_script('mf-image-slider', MFS_PATH.'jquery.flexslider-min.js',
     array('jquery'));
  wp_enqueue_style('mf-image-slider-css', MFS_PATH.'flexslider.css');
}

add_action('wp_enqueue_scripts', 'mfs_enqueue_scripts');

function mfs_script(){

  print '<script type="text/javascript" charset="utf-8">
    jQuery(window).load(function() {
      jQuery(".flexslider").flexslider();
    });
   </script>';

}

add_action('wp_head', 'mfs_script');
```

Das sollte Ihnen jetzt schon bekannt vorkommen. Es gibt einen Aufruf von wp_enqueue_script, wodurch das FlexSlider-jQuery-Plugin eingebunden wird, dann wird der CSS-Code für FlexSlider integriert. Schließlich gibt es eine Funktion (mfs_script), die die jQuery-Funktion ausgibt, damit der FlexSlider funktioniert. Diese Angabe erscheint im head-Bereich, da add_action mit dem Hook wp_head aufgerufen wird.

Worauf ich besonders hinweisen möchte, ist die Zeile mit wp_enqueue_style. Dadurch wird ein weiteres Stylesheet geladen, was die Anzahl von HTTP-Requests erhöht, die die Seite durchführt – dadurch verbrauchen wir mehr von den Ressourcen des Benutzers. Da die Performance ein Hauptanliegen des RWD ist, habe ich mich dazu entschieden, diese Zeile auszukommentieren und den CSS-Code direkt in meiner *style.css*-Datei zu ergänzen, um die Anzahl an Requests zu reduzieren. An dieser Stelle werde ich das nicht zeigen, aber wenn ich das Plugin veröffentlichen würde, würde ich eine Konfigurationsseite erstellen, über die die Benutzer diesen Aufruf entfernen können. Dabei würde gleichzeitig der CSS-Code ausgegeben, damit die Benutzer ihn kopieren und in ihre *style.css*-Datei einfügen können. Der einzige Nachteil dieses Ansatzes ist, dass nun das Plugin in gewisser Hinsicht vom Theme abhängt. Allerdings kann der Benutzer das kontrollieren und sich entscheiden, den Defaultcode des Plugins zu verwenden.

7.4.3 Shortcode und Template-Tag

Jetzt, wo WordPress sich um den JavaScript- und CSS-Code kümmert, können Sie eine Möglichkeit für die Benutzer zur Verfügung stellen, den Slider in ihre Seiten und ihre Themes einzufügen. Bevor Sie den Shortcode oder das Template-Tag erstellen, sollten Sie eine einzige Ausgabefunktion definieren, die sowohl der Shortcode als auch das Template-Tag aufrufen können.

```
function mfs_get_slider(){
  $slider= '<div class="flexslider">
     <ul class="slides">';

  $args= "post_type=slider-image";
  $slides= new WP_Query($args);


   while($slides->have_posts()) : $slides->the_post();
    $img= get_the_post_thumbnail( $post->ID, 'large' );

    $slider.='<li>'.$img.'
      <p class="flex-caption"><strong>'. get_the_title() .'</strong><br/>'. get_
         the_content() .'</p>
    </li>';

  endwhile;
```

```
    wp_reset_postdata();
    $slider.= '</ul>
    </div>';

    return $slider;
  }
```

Diese Funktion ist der Hauptantrieb für das Plugin. Sie verwendet `WP_Query`, um jeden Slider aus dem CPT zu behandeln, den Sie später erstellen werden. Beachten Sie, dass `get_posts` nicht verwendet wird. Der Grund hierfür ist, dass es zu Konflikten mit dem Haupt-Loop führen könnte. Stattdessen verwenden wir `WP_Query` und rufen `wp_reset_postdata()` auf, wenn der Loop abgeschlossen ist. Wie Sie sehen, holen wir uns das große Beitragsbild (das wir später definieren werden) und erstellen aus dem Titel und dem Inhalt die Beschriftung für ein einzelnes Slider-Bild.

Außerdem sehen Sie, dass das Markup in einer Variable gespeichert und dann mit `return` zurückgegeben wird. Vielleicht erinnern Sie sich noch aus dem Google-Maps-Tutorial daran: Shortcodes müssen etwas zurückgeben, um richtig zu funktionieren. Wenn wir jetzt eine Variable zurückgeben, haben wir später die größtmögliche Flexibilität. Da das erledigt ist, ist die Erzeugung von Shortcode und Template-Tag eine einfache Angelegenheit:

```
/**Shortcode**/
function mfs_shortcode($atts, $content=null){

  $slider= mfs_get_slider();

  return $slider;

}

add_shortcode('mf_slider', 'mfs_shortcode');

/**Template-Tag**/
function mfs_slider_tag(){

  print mfs_get_slider();
}
```

Jetzt sollte klar werden, warum `mfs_get_slider` das Markup zurück- und nicht mit `print` ausgibt. Diese Funktion wird sowohl beim Shortcode als auch beim Template-Tag aufgerufen. Sie sehen, dass die Shortcode-Funktion keine Attribute akzeptiert; der Slider wird mit den Standardeinstellungen erzeugt. Das Template-Tag ist nur eine Funktion, die die Benutzer in ihre Themes einfügen können; deswegen können wir das Tag nutzen, um das auszugeben, was wir bereits in `mfs_get_slider` gespeichert haben.

7.4.4 Den Custom-Post-Type erstellen

Der Custom-Post-Type für das Plugin ist sehr einfach; es sind nicht mehr als 25 Zeilen, die in der Datei *mf-image-slider-cpt.php* ergänzt werden müssen.

```
<?php
define('MFS_CPT_NAME', "Slider-Bilder");
define('MFS_CPT_SINGLE', "Slider-Bild");
define('MFS_CPT_TYPE', "slider-image");
add_theme_support('post-thumbnails', array('slider-image'));

function mfs_register() {
  $args = array(
    'label' => __(MFS_CPT_NAME),
    'singular_label' => __(MFS_CPT_SINGLE),
    'public' => true,
    'show_ui' => true,
    'capability_type' => 'post',
    'hierarchical' => false,
    'rewrite' => true,
    'supports' => array('title', 'editor', 'thumbnail')
    );

  register_post_type(MFS_CPT_TYPE , $args );
}


add_action('init', 'mfs_register');

?>
```

Ich habe mir angewöhnt, Konstanten für Labels und Slugs bei meinen CPTs zu erstellen, sodass man sie später leicht konsistent ansprechen kann. Wie Sie sehen, ergänzen wir hier die Thumbnail-Unterstützung und registrieren dann den CPT. Wenn das abgeschlossen ist, ist alles erledigt! Jetzt sollten Sie im Administrationsbereich von WordPress einen Bereich namens *Slider-Bilder* sehen. Erstellen Sie einen Beitrag mit einem Titel und einem Text im Editorfeld; ergänzen Sie dann ein Beitragsbild und speichern Sie. Wenn Sie auf diese Art ein paar Beiträge erzeugt haben, können Sie auf eine Seite gehen und den Shortcode nutzen. Stattdessen können Sie natürlich auch direkt in Ihrem Theme das Template-Tag einsetzen.

Ich hätte noch ein paar Tipps: In einem früheren Kapitel haben ich Ihnen eine Reihe von Möglichkeiten gezeigt, picturefill.js zu implementieren. Ich würde Ihnen raten, eine von den dort vorgestellten Arten einzusetzen, um den Slider ein bisschen leichtgewichtiger für mobile Nutzer zu machen. Ich würde Ihnen außerdem empfehlen, Ihren eigenen CSS-Code für den Slider und die Beschriftungen hinzuzufügen, damit beides besser zur Optik Ihrer Site passt.

Tipp

Da wir `get_the_post_thumbnail()` einsetzen, können Sie die Funktion/den Hook aus Kapitel 4 benutzen, um picturefill bei diesem Plugin einzusetzen. Allerdings kann das zu unterschiedlichen Ergebnissen führen abhängig davon, wie FlexSlider die `div`s behandelt und ihre Größe verändert.

Wenn Sie das Plugin etwas erweitern wollen, können Sie beim Shortcode Attribute für alle Einstellungen vom FlexSlider ergänzen. Die Liste der Einstellungen finden Sie unter http://rwdwp.com/88, wenn Sie zum Bereich »Get Started« herunterscrollen und auf den Tab »Advanced« klicken (Abb. 7-6).

All available FlexSlider properties

This was mentioned in the Get Started tab, but it is worth reiterating. Listed below are all of the options available to customize FlexSlider to suite your needs, along with their default values.

```
namespace: "flex-",                //{NEW} String: Prefix string attached
selector: ".slides > li",          //{NEW} Selector: Must match a simple p
animation: "fade",                 //String: Select your animation type, "
easing: "swing",                  //{NEW} String: Determines the easing me
direction: "horizontal",           //String: Select the sliding direction,
reverse: false,                    //{NEW} Boolean: Reverse the animation
animationLoop: true,                //Boolean: Should the animation loop?
smoothHeight: false,               //{NEW} Boolean: Allow height of the sl
startAt: 0,                        //Integer: The slide that the slider sh
slideshow: true,                   //Boolean: Animate slider automatically
slideshowSpeed: 7000,              //Integer: Set the speed of the slidesh
animationSpeed: 600,               //Integer: Set the speed of animations,
initDelay: 0,                      //{NEW} Integer: Set an initialization
randomize: false,                  //Boolean: Randomize slide order

// Usability features
pauseOnAction: true,               //Boolean: Pause the slideshow when int
pauseOnHover: false,               //Boolean: Pause the slideshow when hov
useCSS: true,                      //{NEW} Boolean: Slider will use CSS3 t
touch: true,                       //{NEW} Boolean: Allow touch swipe navi
video: false,                      //{NEW} Boolean: If using video in the

// Primary Controls
controlNav: true,                  //Boolean: Create navigation for paging
directionNav: true,                //Boolean: Create navigation for previo
prevText: "Previous",              //String: Set the text for the "previou
nextText: "Next",                  //String: Set the text for the "next" d

// Secondary Navigation
keyboard: true,                    //Boolean: Allow slider navigating via
multipleKeyboard: false,           //{NEW} Boolean: Allow keyboard navigat
mousewheel: false,                 //{UPDATED} Boolean: Requires jquery.mo
pausePlay: false,                  //Boolean: Create pause/play dynamic el
pauseText: 'Pause',                //String: Set the text for the "pause"
playText: 'Play',                  //String: Set the text for the "play" p

// Special properties
controlsContainer: "",             //{UPDATED} Selector: USE CLASS SELECTO
manualControls: "",                //Selector: Declare custom control navi
sync: "",                          //{NEW} Selector: Mirror the actions pe
asNavFor: "",                      //{NEW} Selector: Internal property exp

// Carousel Options
itemWidth: 0,                      //{NEW} Integer: Box-model width of ind
itemMargin: 0,                     //{NEW} Integer: Margin between carouse
minItems: 0,                       //{NEW} Integer: Minimum number of caro
maxItems: 0,                       //{NEW} Integer: Maxmimum number of car
move: 0,                           //{NEW} Integer: Number of carousel ite

// Callback API
start: function(){},               //Callback: function(slider) - Fires wh
before: function(){},              //Callback: function(slider) - Fires as
after: function(){},               //Callback: function(slider) - Fires af
end: function(){},                 //Callback: function(slider) - Fires wh
added: function(){},               //{NEW} Callback: function(slider) - Fi
removed: function(){}              //{NEW} Callback: function(slider) - Fi
```

Abb. 7-6 *Alle fortgeschrittenen Konfigurationsmöglichkeiten für den FlexSlider*

7.5 Ein responsives Kontaktformular in WordPress

Es gibt viele WordPress-Plugins für Formulare. Von Ninja Forms (http://rwdwp.com/89) bis zum sehr guten Plugin Gravity Forms (http://rwdwp.com/90), das sein Geld wert ist dank der vielen integrierten Funktionen – dazu zählen die schöne Optik, die Art, wie man Einträge definieren kann, und seine E-Commerce-Fähigkeit.

Bei responsiven Formularen ist der CSS-Code entscheidend, damit das Formular richtig funktioniert. Sie können wirklich ein beliebiges Kontaktformular-Plugin nutzen oder auch genauso gut Ihr eigenes schreiben. In diesem Tutorial werde ich Contact Form 7 (http://rwdwp.com/91) einsetzen. Es ist wirklich einfach und wird hauptsächlich durch das Markup gesteuert, das Sie bestimmen.

Unser Ziel hier ist sicherzustellen, dass der CSS-Code für das Formular/die Formularelemente gut geschrieben ist und dass sich das Formular auf allen Bildschirmgrößen gut benutzen lässt. In diesem Tutorial werden Sie den CSS-Code schreiben, der sich um `input[type=text, radio, checkbox]`, `select`, `submit`, `button`, `textarea` und `label` kümmert.

Zuerst müssen Sie ein Formular erstellen und einer Seite zuweisen. Das Formular, das ich verwende und das alle Elemente enthält, die formatiert werden sollen (abgesehen vom `input`-Element mit `type="button"`, das dieselben Eigenschaften wie der `submit`-Button hat), sehen Sie in Abb. 7-7.

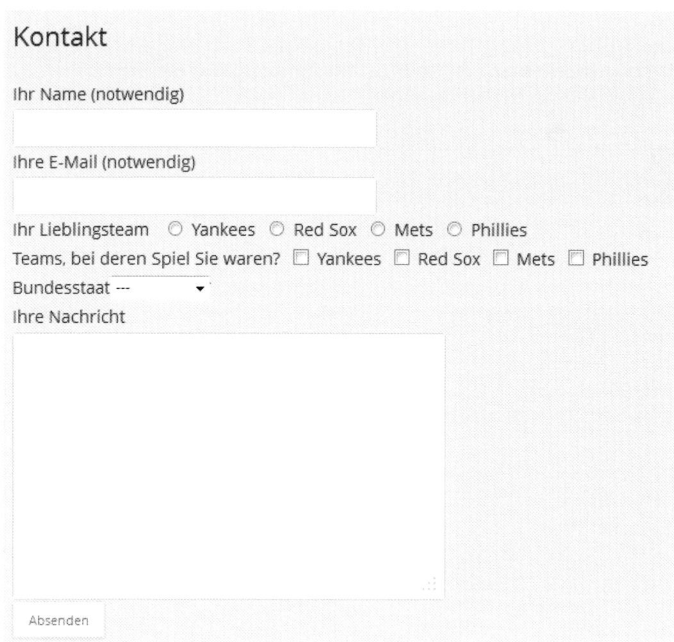

Abb. 7-7 *Das ganz unformatierte Formular*

In diesem Tutorial beginnen wir bei der mobilen Ebene, ergänzen grundlegende Formatierungen und arbeiten uns dann langsam hoch. Als ersten Schritt, empfehle ich Ihnen, das Kontaktformular in einem eigenen `div` zu platzieren oder die Klasse `.page` oder `.post` zu verwenden, damit die sonstigen Formulare auf der Site (beispielsweise das Kommentarformular) nicht durcheinanderkommen. Contact Form 7 verwendet automatisch die Klasse `.wpcf7`.

Standardmäßig erstellt Contact Form 7 ein einfaches, direkt gebrauchsfertiges Formular mit `<p>`-Tags als umfassende Elemente. Technisch gesehen ist das nicht falsch (das Formular wird gut dargestellt), aber es ist doch semantisch korrekter, `<div>`s zu verwenden, weil der Inhalt nicht Text, sondern ein Formularfeld ist. Hier sehen Sie, wie das Formular im WordPress-Administrationsbereich nach ein paar Modifikationen aussieht:

```
<div class="mf-contact-form">
  <div><label>Ihr Name (notwendig)</label>[text* your-name] </div>

  <div><label>Ihre E-Mail (notwendig)</label>[email* your-email] </div>

  <div><label>Ihr Lieblingsteam</label> [radio radio-557 use_label_element "Yan-
      kees" "Red Sox" "Mets" "Phillies"]</div>

<div><label>Teams, bei deren Spiel Sie waren?</label>[checkbox checkbox-887 use_
      label_element "Yankees" "Red Sox" "Mets" "Phillies"]</div>

  <div><label>Bundesstaat</label>[select menu-255 include_blank "New York" "Mass"
      "PA" "Alabama" "Alaska" "Arizona"]</div>

  <div><label>Ihre Nachricht</label>[textarea your-message] </div>

  <div>[submit "Absenden"]</div>
</div>
```

Und es gibt ein paar grundlegende Formatierungen:

```
.wpcf7 form{
  text-align: left;
  font-size: 1.25em;
  max-width: 95%;
  }

.wpcf7 form div{
  margin: 15px 0;
  text-align: left;
  }

.wpcf7 form div label{
  text-align: left;
  max-width: 98%;
  display: block;
  font-size: 1.4em;
  font-weight: bold;
  }
```

```
.wpcf7 form div input, .wpcf7 form div select, .wpcf7 form div textarea{
  padding: 5px;
  width: 95%;
  }

.wpcf7 form div input[type='checkbox'], .wpcf7 form div input[type='radio']{
  width: auto;
  }

.wpcf7 form div textarea{
  height: 150px;
  }

.wpcf7 form div input[type="submit"]{
  width: 100%;
  border-radius: 10px;
  -webkit-border-radius: 10px;
  -moz-border-radius: 10px;
  background: -webkit-linear-gradient(#b5b5b5 0%, #eeeded 100%);
  background: -webkit-linear-gradient(#b5b5b5, #eeeded);
  background: linear-gradient(#b5b5b5, #eeeded);
  border: 1px solid #999999;
  }

.wpcf7 form div input[type="submit"]:hover{
  border: 1px solid #CFCFCF;
  }
```

Diese Formatierungen verwandeln das Chaos aus Abb. 7-7 in ein richtig gut aussehendes Formular (Abb. 7-8).

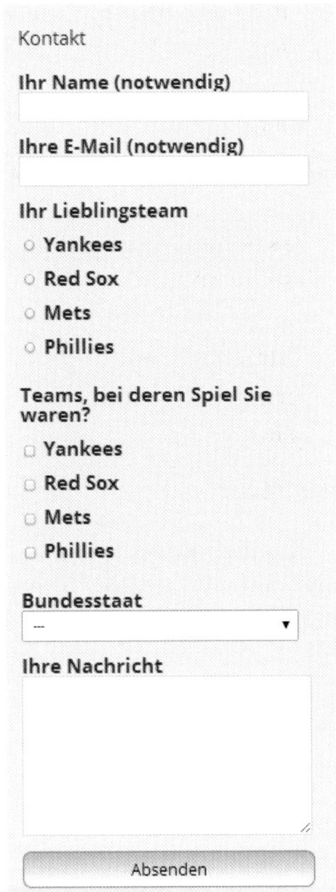

Abb. 7-8 *Das Formular nach der Anwendung von CSS*

Die meisten Angaben sollten selbsterklärend sein, aber ich möchte ein paar Zeilen genauer besprechen. Ich setze eine maximale Breite für `.wpcf7 form` und die Formularelemente, ferner definiere ich eine Breite für `label`. Ohne diese Breitenangaben würden Textboxen und das `textarea`-Element in manchen Fällen außerhalb des Bildschirms dargestellt werden, deswegen verwenden wir CSS, um die Breite zu beschränken.

Bei den `label`-Elementen sorgen die Breitenangaben in Kombination mit `display: block` dafür, dass die Beschriftungen in einer eigenen Zeile dargestellt werden. Checkboxen und Radiobuttons sind jeweils in einer eigenen Zeile angeordnet. Beim Contact Form 7 können Sie sich entscheiden, ein Formularelement von einem `label` einfassen zu lassen, was ich getan habe. Das erzeugte Markup sieht etwa folgendermaßen aus (ich habe etwas zusätzliches Markup, das das Plugin hinzufügt, entfernt):

```
<label><input type="checkbox" name="watch-teams[]" value="Yankees" ></input>Yan-
    kees</label
```

Außerdem habe ich die `label`-Elemente ein bisschen größer gemacht und zusätzlichen Innenabstand (`padding`) bei den Textinputfeldern ergänzt, sodass es für den Benutzer einfacher ist, sie mit dem Daumen auszuwählen, wenn er ein mobiles Gerät benutzt.

Bei mehr verfügbarem Platz sieht das Formular nicht richtig schlecht aus, aber der Platz könnte besser genutzt werden; das sollten Sie beim nächsten Breakpoint korrigieren. Wann dieser Breakpoint zu setzen ist, hängt hauptsächlich von Ihnen ab. Sie sollten entscheiden, wann das Formular beginnt, schlecht/unausgewogen auszusehen, und wie es zu Ihrem Template passt. Auf diese Weise habe ich meinen Breakpoint auch gewählt.

Wenn Sie sich für Ihren Breakpoint entschieden haben, können wir uns darum kümmern, wie wir den Platz besser ausnutzen. Wenn der Bildschirm größer ist, muss unser Formular nicht so viel Platz in der Vertikalen beanspruchen. Durch den folgenden CSS-Code erreichen wir auf drei Arten eine bessere Ausnutzung des Platzes: Wir machen die Schrift kleiner, das Formular wird kompakter und außerdem sollen Radiobuttons und Checkboxen nebeneinander dargestellt werden. Also los:

```
@media screen and (min-width: 40.688em){
  .wpcf7 form{
    margin: 10px auto;
    width: 80%;
    }

  .wpcf7 form div{
    padding: 10px 0;
    clear: left;
    }

  .wpcf7 form .wpcf7-list-item{
    width: 48%;
    float: left;
    margin: 10px 0;
    }

  .wpcf7 form div label{
    font-size: 1em;
    font-weight: normal;
    }

  .wpcf7 form div input, .wpcf7 form div select, .wpcf7 form div textarea{
    width: 55%;
    margin-left: 2%;
    }

  .wpcf7 form div input[type='checkbox'], .wpcf7 form div input[type='radio']{
    width: auto;
    }

  .wpcf7 form div input[type="submit"]{
    width: 50%;
    margin: 0 2%;
    }
}
```

Hier geschehen mehrere Dinge. Zuerst wird die maximale Breite des Formulars auf 80% gesetzt. Falls der Benutzer das Browserfenster noch größer macht, wird dadurch das Formular nicht zu groß und damit auch nicht zu luftig aussehen. Außerdem gibt es einige CSS-Angaben, um die mobilen Formatierungen zu »neutralisieren«. Die `label`-Elemente sind nicht mehr fett und werden auf die normale Schriftgröße von 1em zurückgesetzt. Die Formularfelder erhalten eine maximale Breite von ungefähr 50%, damit sie nicht zu groß für die Benutzer werden. Die `div`s erhalten ein bisschen mehr Platz und schließlich werden die Checkboxen und Radiobuttons so angeordnet, dass jetzt zwei pro Zeile dargestellt werden.

Hier musste ich auf die von Contact Form 7 erzeugte Klasse `.wpcf7-list-item` zurückgreifen. Diese Klasse umfasst sowohl das Formularelement als auch die Beschriftung – damit kann ich eine Breite definieren und die Elemente floaten. Wie Sie sich vorstellen können, lassen sich die Breiten entsprechend anpassen, wenn das Browserfenster noch größer wird. Das sehen Sie im nächsten Tutorial.

Abb. 7-9 zeigt das fertige Ergebnis.

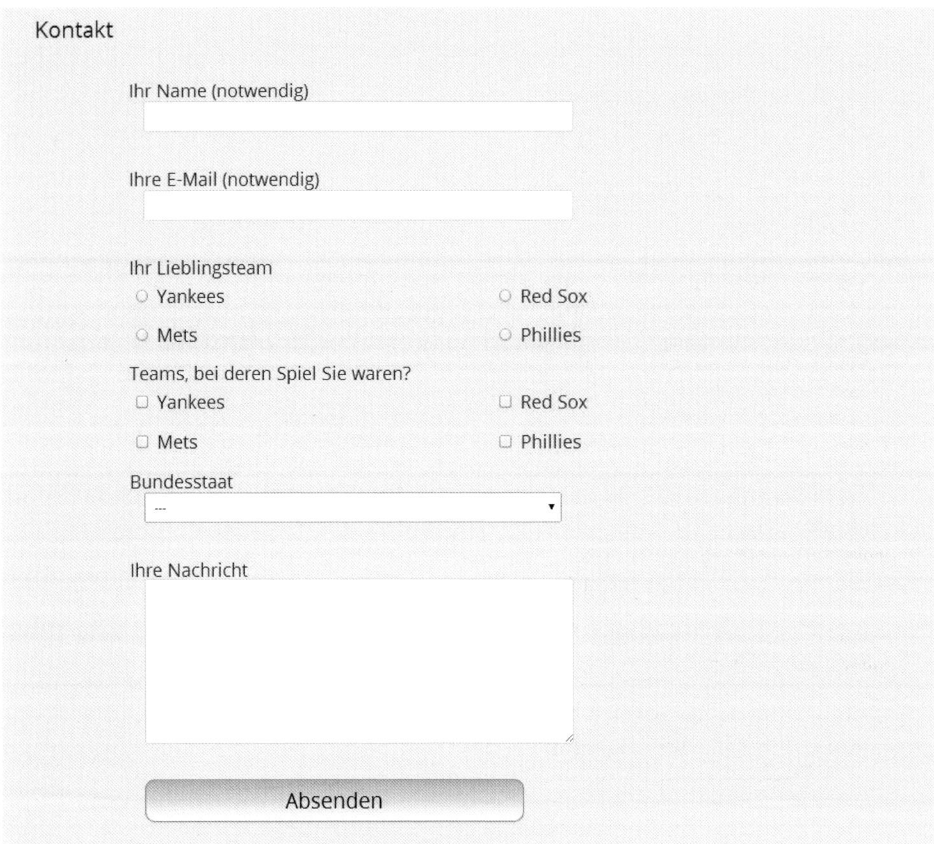

Abb. 7-9 *Das Formular bei voller Breite bei großem Bildschirm*

7.6 Eine responsive Produktseite in WordPress

Für alle, die einen Online-Katalog oder eine E-Commerce-Site betreiben, ist es das Allerwichtigste, die Produkte leicht zugänglich zu präsentieren. Am Black Friday 2012 – dem Start der Weihnachtsgeschäfte in den Vereinigten Staaten – kam 24% des Online-Traffics von mobilen Geräten! Glücklicherweise können wir mit CPTs und CSS eine gute Produktseite realisieren.

> **Hinweis**
>
> Wir erstellen keine vollständige E-Commerce-Site, sondern nur eine Site, die Produkte so präsentiert, dass Benutzer sie leicht durchstöbern können. Wenn Sie WP e-Commerce (http://rwdwp.com/92) o. Ä. nutzen, sollte es recht einfach sein, den hier vorgestellten CSS-Code darauf zu übertragen.

Wir kümmern uns hier nur um die Katalogseite, weil einzelne Beitragsseiten schon intensiv im Buch behandelt wurden. Das Ziel ist zu zeigen, wie ein responsives Raster funktioniert.

Zuerst beginnen wir mit dem CPT. Wie aus den anderen Tutorials bekannt, sollten Sie einen Ordner und eine Datei mit demselben Namen im */plugins/*-Verzeichnis erstellen. Ich nenne sie */mf-catalog/* und *mf-catalog.php*. Hier ist der Anfang von *mf-catalog.php*:

```
/*
Plugin Name: Millennium Flüge – Produktseite
Plugin URI: http://millenniumflights.com
Description: Ein einfaches Plugin, das in WordPress unter Verwendung von Custom-
Post-Types Produkte erzeugt und anzeigt!
Author: Joe Casabona
Version: 1.0
Author URI: http://www.casabona.org
*/

/*Set-up*/
define('MFP_PATH', WP_PLUGIN_URL . '/' . plugin_basename( dirname(__FILE__) ) . '/' );
define('MFP_NAME', "Millennium Flüge - Produkte");

/*Dateien einbinden*/
require_once('mf-products-cpt.php');
```

Wir gehen hier genauso vor wie bei den anderen Plugins: Nach der Plugin-Definition erstellen wir uns ein paar Konstanten für die spätere Verwendung.

7.6.1 Shortcode und Template-Tag

Wenn der CTP erstellt ist, wird es eine Liste von Feldern geben, die Sie benutzen können, um den Inhalt auszugeben. Weil es bei unserem Beispiel nur um einen Katalog und nicht um ein vollständiges E-Commerce-Plugin geht, können Sie viele Felder weglassen, die wir nicht unbedingt brauchen. Hier ist die Zuordnung von Informationen zu Feldern:

- Name des Produkts -> Titel
- Beschreibung des Produkts -> Editorfeld
- Preis -> Textfeld
- Hauptbild -> Beitragsbild
- Kategorie -> Taxonomie

Zuerst sollten Sie eine Funktion erstellen, die sowohl der Shortcode als auch das Template-Tag aufrufen können.

```
function mfp_get_products(){
  $products= '<div class="mf-catalog">';

  $args= "post_type=products";
  $catalog= new WP_Query($args);


  while($catalog->have_posts()) : $catalog->the_post();
    $img= mfp_get_image();
    $price= mfp_get_the_price($post->ID);
    $products.='<div class="mf-product">'.$img.'
        <p><strong>'. get_the_title() .'</strong>: '. get_the_excerpt() .'</p>
        <p class="price">'. $price .'</p>
    </div>';

  endwhile;

  wp_reset_postdata();


  $products.= '</div>';

  return $products;
}
```

Die Vorgehensweise ist dieselbe wie beim Slider-Plugin. Wir nehmen `WP_Query`, um jedes Produkt vom CPT zu erhalten, den Sie später erstellen, und die Informationen auf dem Bildschirm ausgeben lassen. Anders als beim Slider ist allerdings das Folgende: Anstatt `get_the_post_thumbnail()` zu benutzen, um das Beitragsbild zu erhalten, erstellen wir eine Funktion `mfp_get_image()`. Diese wird ein `<img>`-Element zurückgeben und erlaubt Ihnen ein richtig skaliertes Bild zu nutzen, falls Sie es noch woanders brauchen. Shortcode und Template-Tag werden einfach nur die Hauptfunktion aufrufen:

```
/**Shortcode**/
function mfp_shortcode($atts, $content=null){

  $products= mfp_get_products();

  return $products;

}

add_shortcode('mf_products', 'mfp_shortcode');

/**Template-Tag**/
function mfp_products_tag(){

  print mfp_get_products();
}
```

7.6.2 Den Custom-Post-Type erstellen

Der CPT für dieses Plugin wird ein bisschen komplizierter als derjenige beim Slider. Ergänzen Sie bei *mf-products-cpt.php* den folgenden Code:

```
define('MFP_CPT_NAME', "Produkte");
define('MFP_CPT_SINGLE', "Produkt");
define('MFP_CPT_TYPE', "products");
add_theme_support('post-thumbnails', array('products'));

function mfp_register() {
  $args = array(
    'label' => __(MFP_CPT_NAME),
    'singular_label' => __(MFP_CPT_SINGLE),
    'public' => true,
    'show_ui' => true,
    'capability_type' => 'post',
    'hierarchical' => false,
    'rewrite' => true,
    'supports' => array('title', 'editor', 'thumbnail')
  );

  register_post_type(MFP_CPT_TYPE , $args );
register_taxonomy("product-category", array("products"), array("hierarchical" =>
true, "label" => "Produkt-Kategorien", "singular_label" => "Produktkategorie",
"rewrite" => true));

}

add_action('init', 'mfp_register');
```

Hier sehen Sie, dass – anders als beim Slider – dieser CTP ein zusätzliches Feld für den Preis und eine selbst erstellte Taxonomie für die Produktkategorie akzeptiert. Die Taxonomie wird in derselben Funktion erstellt, in der Sie den CPT anmelden:

```
    register_post_type(MFP_CPT_TYPE , $args );
  register_taxonomy("product-category", array("products"), array("hierarchical" =>
  true, "label" => "Produkt-Kategorien", "singular_label" => "Produktkategorie",
  "rewrite" => true));
```

Diese Funktion (die es in WordPress seit Version 2.8 gibt), leitet die folgenden Informationen an den CPT weiter, die automatisch ein »Kategorie“-Feld zum CPT ergänzen:

- Den Namen der neuen Taxonomie
- Ein Array von CPTs, für die es gelten soll
- Ein weiteres Array, das das Folgende vorgibt:
  - Ob es übergeordnete/untergeordnete Kategorien geben kann
  - Menübeschriftung im Plural und Singular
  - Ob WordPress `mod_rewrite`-Regeln für diesen CPT erstellen soll (für lesbare URLs)

Es gibt viele weitere Argumente, über die Sie alles im Codex (http://rwdwp.com/93) nachlesen können. Wenn Sie eine neue Taxonomie für einen CPT erstellen, würde ich Ihnen unbedingt raten, `register_taxonomy()` direkt nach `register_post_type()` zu schreiben. Falls Sie das nicht machen, kann es zu folgender Fehlermeldung kommen:

```
Fatal error: Call to a member function add_rewrite_tag() on a non-object...
```

Nachdem wir das erledigt haben, können wir nun das neue Feld für den Preis ergänzen:

```
add_action("admin_init", "mfp_meta_box");

function mfp_meta_box(){
  add_meta_box("mf-products", "Produkt-Preis", "mfp_meta_options", "products",
     "side", "low");
}

function mfp_meta_options(){
    global $post;
    if ( defined('DOING_AUTOSAVE') && DOING_AUTOSAVE ) return $post_id;
    $custom = get_post_custom($post->ID);
    $mfp_price = $custom["mfp_price"][0];
?>
  <label>Preis:</label><input name="mfp_price" value="<?php echo $mfp_price; ?>" />
<?php
    }
```

Wir verwenden `add_action()`, um die Funktion `mfp_meta_box()` aufzurufen, wenn der Administrationsbereich von WordPress erstellt wird. Unsere Funktion wird ein weiteres Eingabefeld zum CPT hinzufügen, das durch die als drittes Argument angegebene Funktion mit Inhalten gefüllt wird, nämlich `mfp_meta_options()`.

Innerhalb von `mfp_meta_options()` wird ein Formularfeld erstellt, das den Benutzern erlaubt, einen Preis auf der *Neuen Beitrag erstellen*-Seite hinzuzufügen. Die Funktion holt sich zuerst das `$post`-Array, das Ihnen einen Zugriff auf die benutzerdefinierten

Felder für den gerade bearbeiteten Beitrag ermöglicht. In der nächsten Zeile überprüft die Funktion, ob WordPress gerade den Beitrag oder die benutzerdefinierten Felder speichert. Wenn das der Fall ist, werden die Informationen nicht gespeichert und der Vorgang unterbrochen, weil sonst die hinzugefügten Informationen durch Leerstrings überschrieben werden würden.

Wenn hingegen WordPress nicht gerade einen Speichervorgang durchführt, nehmen wir die benutzerdefinierten Felder für den aktuellen Beitrag und erstellen daraus ein Formularfeld, das diese Information nutzt. Dann holen wir uns bereits vorhandene Werte, sodass der Benutzer diese nicht noch einmal eingeben muss, wenn er den Beitrag bearbeitet. Die Funktion `get_post_custom()` erwartet die ID eines Beitrags als Argument und gibt ein zweidimensionales Array zurück, das alle selbstdefinierten Daten des Beitrags enthält. In unserem Fall gibt es nur einen einzigen Eintrag, nämlich `$mfp_price`. Technisch gesehen kann es mehrere Werte für jeden CPT geben, d.h. jeder Beitrag könnte theoretisch mehrere Preise haben; das liegt an der Art, wie WordPress Meta-Felder speichert. Deswegen werden diese Informationen immer als Array zurückgegeben. Um den ersten Wert (und in diesem Fall den einzigen) zu erhalten, müssen wir den Index 0 angeben. Dann gibt die Funktion das Formularfeld aus und verwendet dabei den zurückgegebenen Wert (sofern vorhanden).

Als Nächstes sollten wir die Speicherfunktionalität hinzufügen, wenn die benutzerdefinierten Daten abgesendet werden.

```
add_action('save_post', 'mfp_save_custom_data');

function mfp_save_custom_data(){
    global $post;

    if ( defined('DOING_AUTOSAVE') && DOING_AUTOSAVE ){
        return $post_id;
    }else{
        update_post_meta($post->ID, "mfp_price", $_POST["mfp_price"]);
    }
}
```

Der Hook ruft dieses Mal die Funktion auf, wenn der Beitrag gespeichert wird. Wieder holt er sich das `$post`-Array, sodass wir die ID des Beitrags erhalten und überprüfen können, ob der Beitrag gerade automatisch gespeichert wird. Wenn Sie diese Zeile löschen, dann verlieren Sie die Informationen, deswegen ist es wichtig, dass Sie sie drinnen lassen.

Wenn gerade kein Speichervorgang stattfindet, speichern Sie die benutzerdefinierten Felder mit `update_post_meta()`, dem Sie die ID des Beitrags, den Namen des benutzerdefinierten Feldes und den neuen Wert übergeben. Ein Hinweis: `update_post_meta` wird vor der Speicherung in der Datenbank den String für Sie maskieren, sodass Sicherheitsrisiken wie SQL-Injections kein Problem sein sollten.

Wollen Sie einen CPT für ein Portfolio erstellen?

Den Produkt-CPT können Sie leicht in einen Portfolio-CPT umwandeln, indem Sie nur eine Reihe von Feldern ändern. Zuerst sollten Sie alle Vorkommen von »Produkt(e)« in »Projekt(e)« umwandeln.

Danach sollten Sie das Preis-Feld in ein Feld für den Projektlink ändern. In Ihrer Funktion, die die Ausgabe steuert, sollten Sie die Funktion, die den Preis zurückgibt in eine Funktion abändern, die den Link zurückgibt. Gehen wir einmal davon aus, dass Ihr Projektlink-Feld `mfProjectLink` heißt:

```
function mf_project_link($pid, $newWindow=true){
  $site= get_post_custom_values('mfProjectLink', $pid);
  $target= ($newWindow) ? 'target="_blank"' : '';
  return ($site[0] != "") ? '<a class="mf-project-link" '. $target .'
href="'.$site[0].'">Die Site besuchen</a>' : '<em class="mfp-no-link">Kein
aktiver Link vorhanden</em>';
}
```

Die Funktion erwartet zwei Argumente: Als Erstes die ID des Beitrags und als Zweites die Angabe, ob der Link in einem neuen Fenster geöffnet werden soll. Letzteres ist standardmäßig auf `true` gesetzt.

Die Funktion ergänzen, die die Werte zurückgibt

Um eine Sache müssen wir uns noch kümmern: Die zwei Funktionen, die wir in `mfp_get_products()` aufrufen. Die eine ist einfach und gibt direkt den Preis zurück.

```
function mfp_get_the_price($pid){
  $custom = get_post_custom($pid);
  return $custom["mfp_price"][0];
}
```

Die Funktion besteht zwar nur aus zwei Zeilen, aber sie macht das Handling doch wesentlich einfacher. Dann fehlt noch die Bild-Funktion:

```
function mfp_get_image($pid=NULL, $size='thumbnail'){
  $url= wp_get_attachment_image_src( get_post_thumbnail_id($pid), $size);
  return '<img src="'.$url[0] .'" alt="'. esc_attr(get_the_title($pid)) .'" />';
}
```

Diese Funktion ist ebenfalls recht simpel: Sie erwartet die ID eines Beitrags (standardmäßig `NULL`), die den aktuellen Beitrag verwendet, und eine Größe (standardmäßig `thumbnail`) und gibt ein Bildelement mit einer URL zurück, das den Beitragstitel als `alt`-Text verwendet. Bei diesem Plugin wird `thumbnail` als Default verwendet, weil das ein kleines quadratisches Bild ist, das auf allen Geräten gut funktioniert. Wenn Sie ein quadratisches Bild in einer anderen Größe erstellen wollen, so können Sie das machen, indem Sie Ihre eigene Bildgröße angeben.

Nachdem die Programmierung erledigt ist, können wir uns auf die Darstellung konzentrieren. Das Ziel ist es, grundlegende CSS-Angaben für die Produkte zu liefern, ohne zu sehr in die Themes einzugreifen. Es ist sehr wahrscheinlich, dass die Benutzer des Plugins ihren eigenen CSS-Code nutzen werden.

Zuerst müssen wir eine Funktion schreiben, um das Stylesheet im Theme hinzuzufügen:

```
function mfp_scripts() {
  wp_enqueue_style('mfp-css', MFP_PATH.'/mfp-style.css');
}

add_action( 'wp_enqueue_scripts', 'mfp_scripts' );
```

Diese Funktion kann für ein beliebiges Stylesheet oder eine beliebige JavaScript-Datei verwendet werden, die Sie bei dieser Funktion angeben möchten. In der Datei *mfp-style.css* definieren wir ein paar grundlegende Formatierungen für eine responsive Produktseite und beginnen mit den kleinen Bildschirmen.

```
.mf-catalog img{
  max-width: 100%;
  height: auto;
  }

.mf-product{
  text-align: center;
  margin: 10px 2%;
  border: 1px solid #999999;
  background: #FFFFFF;
  padding: 5px 2%;
  }

.mf-product p{
  text-align: left;
  }

.mf-product p.price{
  font-weight: bold;
  color: #880000;
  }
```

Das ist der Haupt-CSS-Code. Damit die Produkte anders aussehen als der restliche Inhalt, werden Hintergrundfarben und Rahmen definiert. Außerdem wird sichergestellt, dass die Bilder richtig skalieren.

Bei mehr verfügbarem Platz ist die schwierigste Aufgabe die Änderung der Größe der Thumbnails, wenn diese beginnen, zu klein auszusehen. Im Beispiel gehe ich davon aus, dass es keine Sidebar bei der Seite gibt und skaliere die Bilder drei Mal für die zwei-, die drei- und die vierspaltige Darstellung.

```
@media screen and (min-width: 37.938em){

  .mf-product{
    max-width: 40%;
    }

}

@media screen and (min-width: 67.1013em){

  .mf-product{
    max-width: 25%;
    }

}

@media screen and (min-width: 106.563em){

  .mf-product{
    max-width: 15%;
    }

}
```

Beachten Sie: das Einzige, was sich hier ändert, ist der Wert von `max-width` beim `div` mit der Klasse `.mf-product`. Die vorher definierten CSS-Angaben sollten sich um den Rest kümmern. Hier sehen Sie das endgültige Ergebnis, sowohl in der mobilen Variante als auch in der vierspaltigen Darstellung (Abb. 7-10).

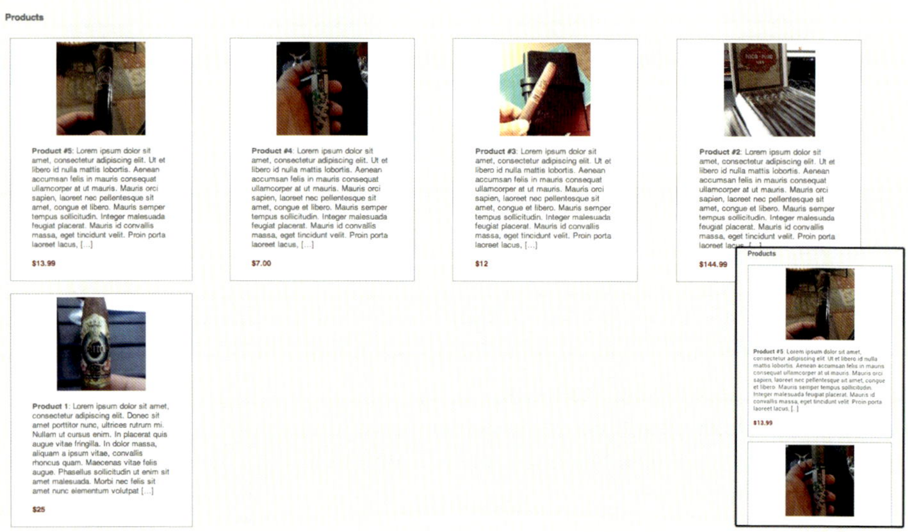

Abb. 7-10 *Der Katalog in der mobilen und in der vierspaltigen Darstellung*

7.7 Zusammenfassung

In diesem Kapitel gab es eine Reihe von Tutorials, um besondere Features und Funktionalitäten zu WordPress hinzuzufügen. Vielleicht haben Sie gemerkt, dass es teilweise Wiederholungen gibt, besonders beim CSS-Code und bei den Custom-Post-Types. Es ist wichtig, dass Sie an die im Buch besprochenen Techniken denken, wenn Sie ein richtig responsives Theme oder ein richtig responsives Plugin erstellen wollen. Wichtig stets: Beim RWD geht es nicht nur darum, eine Website zu erstellen, die sich an kleine Bildschirme anpasst.

Aufgrund der bestehenden Zeit-Raum-Beschränkungen waren es grundlegende Tutorials. Das Ziel war nicht unbedingt, ein revolutionäres, unvergleichbares Plugin zu erstellen, das direkt einsatzbereit ist. Eher ging es darum, gute Techniken zu beleuchten, wie Sie Plugins responsiv machen. Jetzt ist der richtige Zeitpunkt, die Techniken bei den richtig coolen Dingen anzuwenden, an denen wir arbeiten!

7.7.1 Fragen

1. Das Markup der Standardgalerie ist nicht unbedingt eine gute Basis für responsive Galerien. Wie kann man das ändern?
2. Wann ist es in Ordnung, die PHP-Funktion `extract()` zu benutzen?
3. Was sind die Vor-/Nachteile der beiden folgenden Methoden: das Stylesheet eines Plugins nutzen oder den CSS-Code in Ihre eigene *style.css*-Datei einfügen?
4. Warum ist es wichtig, `wp_enqueue_script()` zu nutzen?

7.7.2 Antworten

1. Ersetzen Sie die Funktion, die durch den Shortcode `[gallery]` aufgerufen wird, durch Ihre eigene, indem Sie folgenden Code verwenden:

   ```
   remove_shortcode('gallery', 'gallery_shortcode');
   add_shortcode('gallery', 'my_gallery_shortcode');
   ```

2. Nur innerhalb von Funktionen, wenn Sie den Geltungsbereich aller Variablen kennen und so sicher sein können, dass Sie nicht aus Versehen Variablen überschreiben, was zu unerwarteten Ergebnissen führen kann.
3. Wenn Sie den CSS-Code in Ihre eigene *style.css*-Datei kopieren, werden in Ihrem Theme weniger HTTP-Requests durchgeführt. Andererseits ist auf diese Art natürlich das Plugin mit Ihrem Theme verknüpft.
4. Wenn Sie `wp_enqueue_script()` verwenden, können Sie sicher sein, dass nicht mehrere Kopien desselben Skriptes geladen werden. Das sorgt zu einem für eine kleinere Dateigröße der Seite und außerdem reduziert es das Risiko von Konflikten.

A Quellen

A.1 Ein paar Worte zum Abschluss

Um es mit den unvergesslichen Worten eines gewissen Zeichentrick-Schweinchens zu sagen: »Das war's dann Leute!«. Als ich anfing, dieses Buch zu schreiben, wusste ich schon, wie mächtig WordPress und responsives Webdesign sind, und ich wusste, dass die Kombination von beiden uns hilft, wirklich gute Websites zu erstellen. Trotzdem habe ich viel dazugelernt – wie das nun mal ist, wenn man ein Buch schreibt.

Ich hoffe, Sie können das hier vermittelte Wissen in Ihren Projekten nutzen. Ich hoffe, Sie verfeinern und verbessern meinen Code; schließlich ist das Web lebendig und verändert sich wie ein echter Organismus. Das ist natürlich auch der Hauptgrund, weswegen wir auf RWD setzen – nicht wahr? Die Zukunft wird sicher jede Menge neue Geräte bringen, an die wir unsere Inhalte ausliefern werden. Forscher testen Google Glasses, die ersten Smartwatches kommen auf den Markt – und wer weiß, woran die Technikfirmen sonst noch so arbeiten. Vielleicht werden Websites bald direkt in Ihre Handflächen projiziert?

Ich möchte mich auch bei Ihnen bedanken, dass Sie mein Buch gelesen haben. Ich hoffe, Sie hatten beim Lesen genauso viel Spaß wie ich beim Schreiben. Und wenn Sie voller Ungeduld darauf brennen, mehr zu erfahren, so gibt es viele gute Quellen sowohl für WordPress als auch für RWD, von Websites über Bücher bis hin zu Treffen und Konferenzen. Auf den letzten Seiten habe ich einige der besten aufgeführt.

Hinweis

Alle im Buch erwähnten Links finden Sie auf der Buch-Website unter http://rwdwp.com/links/.

A.2 Bücher

Building WordPress Themes From Scratch

Joe Casabona, Rockable Press, 2012
Mein erstes Buch führt Sie (in englischer Sprache) durch alle notwendigen Schritte, um aus HTML- und CSS-Dateien ein WordPress-Theme zu erstellen. Ich bringe Ihnen bei, wie Sie WordPress benutzen, aber auch, wie Sie die API einsetzen, um eigene Themes, Plugins und Inhaltstypen zu erstellen. Ein weiteres Thema ist die Programmierung von Widgets, Theme-Options-Seiten und mehr.

Web Designer's Guide to WordPress: Plan, Theme, Build, Launch

Jesse Friedman, New Riders, 2012.
Wenn Sie tiefer in WordPress einsteigen wollen, so führt Sie das Buch von Jesse Friedman (in englischer Sprache) durch den gesamten WordPress-Ablauf, von der Installation und der Verwendung über die Erstellung von WordPress-Themes, Plugins und Shortcodes bis hin zum Testen und Live-Gehen. Ich kann das Buch nur wärmstens empfehlen!

Professional WordPress: Design and Development

Brad Williams, David Damstra, Hal Stern, WROX, 2013.
Dieses umfangreiche Werk konzentriert sich (ebenfalls in englischer Sprache) klar auf die Entwicklung, behandelt Plugin- und Theme-Erstellung, Sicherheit, Skalierung, Umgang mit Spam usw. Das Autorenteam leistet gute Arbeit und dieses Buch sollte im Bücherregal jedes WordPress-Entwicklers stehen.

WordPress for Web Developers

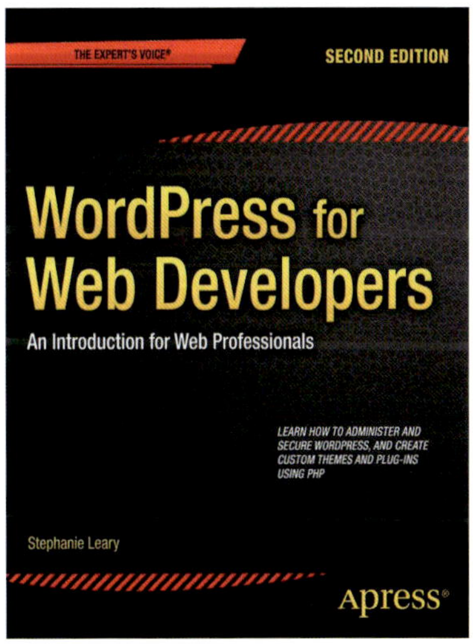

Stephanie Leary, Apress, 2013
Das fantastische (und nur in der englischsprachigen Originalversion erhältliche) Buch von Stephanie zeigt Ihnen alles – angefangen von der WordPress-Installation und jedem Detail der Administrationsoberfläche bis dahin, wie Sie WordPress sicher auf einem Server einrichten und Themes entwickeln. Das Buch bietet Anleitung zu WordPress-Benutzung und -Entwicklung aus einer Hand.

Responsive Web Design

Ethan Marcotte, A Book Apart, 2011
Das erste Buch zum Thema, das Ihnen eine sehr gute Basis vermittelt und alles verrät, was Sie brauchen, um mit RWD anzufangen (auch dieser Titel wurde nicht ins Deutsche übersetzt, Sie müssten ihn also im US-Original lesen). Es beinhaltet Beispiele, Code und Best-Practice-Empfehlungen, um gute responsive Websites zu erstellen.

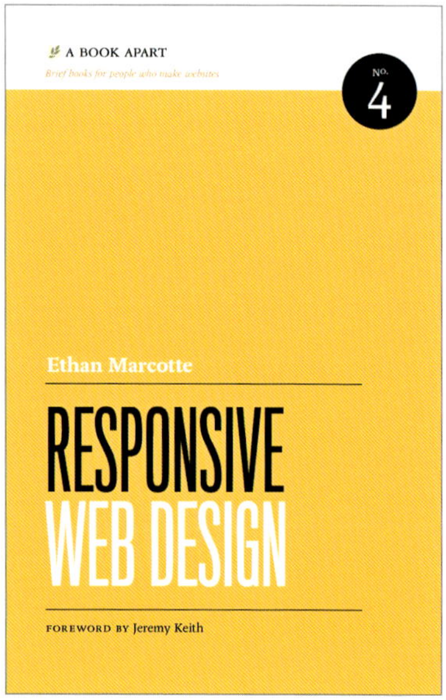

Mobile First

Luke Wroblewski, A Book Apart, 2011
Dieses (ebenfalls englischsprachige) Buch ergänzt *Responsive Web Design* sehr gut. Es gibt keine konkreten Codebeispiele, aber Statistiken, Abbildungen und jede Menge guter Gründe, warum man beim Design einer Website den »Mobile-First«-Ansatz verwenden und beim kleinsten Bildschirm beginnen sollte.

A.3 Treffen und Konferenzen

Treffen sind eine wunderbare Möglichkeit zum Netzwerken, für die Erörterung von Problemen und um Neues zu lernen.

A.3.1 Meetup.com

http://www.meetup.com/
Meetup.com ist auf jeden Fall der richtige Ort, um Treffen in Ihrer Gegend zu finden. Ich empfehle Ihnen, nach »WordPress«, »Webdesign« oder auch »Web Design« und »Tech« zu suchen. Wenn Sie einen Account anlegen, werden Sie aufgefordert, sich mit ein paar Worten selbst zu beschreiben, und erhalten dann Treffen in Ihrer Gegend vorgeschlagen.

A.3.2 WordCamp Central

http://central.wordcamp.org/
WordCamps sind Konferenzen, die sich ausschließlich auf WordPress konzentrieren und sie sind fantastisch. Sie werden überall auf der Welt veranstaltet und locken alle Sorten von WordPress-Benutzern von Bloggern bis hin zu Entwicklern. WordCamp Central bietet eine Liste von bevorstehenden Treffen, aber auch Links zu Vorträgen vorheriger Camps.

A.3.3 An Event Apart

http://aneventapart.com/
Bei Event Apart treffen sich die Großen der Branche, mit dabei auch einige der oben aufgeführten Autoren. Die Konferenzen dauern zwei Tage mit jeweils nur einem Track, am dritten Tag schließt ein optionaler Workshop an. Die Workshops sind voll mit jeder Menge Informationen über die neuesten und wichtigsten Entwicklungen in diesem Bereich. Die Konferenzen finden in mehreren Städten in den USA statt.

A.3.4 Webinale

http://webinale.de
Die einmal im Jahr in Berlin stattfindende Webinale steht fest im Kalender vieler Webschaffender hierzulande. Sie bringt Business, Design und Technologie zusammen und hat sich als Event für Webentwickler im deutschsprachigen Raum etabliert.

A.3.5 Beyond Tellerrand

http://beyondtellerrand.com
Im Unterschied zur Webinale gibt sich Beyond Tellerrand international – und damit englischsprachig. Beyond Tellerrand ist damit aber auch die hochkarätigste Konferenz rund um Webdesign, die Sie in Deutschland, Österreich oder der Schweiz besuchen können. Unter den Vortragenden sind viele international anerkannte Experten und auch im Publikum werden Sie viele in der deutschsprachigen Webentwickler-Szene bekannte Gesichter finden. Beyond Tellerrand findet aktuell einmal jährlich im Düsseldorfer Capitol Theater statt.

A.4 Links

Obwohl alle im Buch erwähnten Links unter http://rwdwp.com/links/ zu finden sind, gibt es ein paar sehr gute Online-Quellen, die nicht im Buch erwähnt wurden. Hier ist eine kurze Liste:

A.4.1 Websites

1. A List Apart: http://alistapart.com
2. Brad Frost: http://bradfrostweb.com
3. *net Magazine*: http://creativebloq.com/net-magazine
4. *Smashing Magazine*: www.smashingmagazine.com
5. Tuts+: https://tutsplus.com/
6. Luke Wroblewski: http://lukew.com
7. This Is Responsive: http://responsive.rga.com/
8. CSS-Tricks: http://css-tricks.com/

A.4.2 Podcasts

1. The Big Web Show: www.muleradio.net/thebigwebshow/
2. Happy Monday Podcast: http://happymondaypodcast.com/
3. Shop Talk Show: http://shoptalkshow.com/
4. The Gently Mad: http://thegentlymad.com/

Index

D

E

F

G

H

I

J

K

L

M

N

O

P

R

S